フードジャーニー

食べて生きて、旅をして、私たちは「日本人」になった

Living is to eat. Journey to eat. Journey is to love.

FOOD JOURNEY

サイエンスライター
ハンカチーフ・ブックス編集長
長沼敬憲

HANDKERCHIEF BOOKS

生きることに苦しくなったら、
雲の上まで視界を広げて、遠くを見渡そう。

そこには歴史が見える。
たくさんの生き物がつむいだ長い時間。

食べて生きて、旅をした古い記憶。

そのなかで願ったこと、望んだこと、
そのすべてが内蔵されている。

「わたしもそう感じたよ」

そこで生まれた無数の思いが、
まるで精霊のように、あなたを助けるだろう。

時に愛に変わり、希望を生み、
この世界を動かす見えない力が生まれるだろう。

はじめに

この日本列島に人が住み始めたのは、およそ4万年前。

広大なユーラシア大陸を数世代にわたって流浪してきた集団の一部が、ナウマンゾウやトナカイを追って極東の外れにたどり着き、根を下ろしたのが始まりだったと言われています。

この人類の長い旅は、グレートジャーニーと呼ばれています。

それは、アフリカで誕生したとされる人類が世界中に散らばっていった、長い長い旅の軌跡。そのルートをたどっていくと、無数の人たちが旅をし、見知らぬ土地を切り開いてきたすがたが浮かび上がります。

旅をしてきたからこそ世界中でさまざまな文化が花開き、日本列島にも固有の文化が生まれ、こうしていま、ここに僕たちが存在します。

想像すればするほど、気の遠くなる、夢のような話です。夢のような時間が過ぎ、地球上には70億人が暮らすようになりました。

人はなぜ旅をするのでしょうか？　ロマンだと答えた人は、次の言葉にちょっとがっかりするかもしれません。

それは、食べるため。この地球上に生きているほぼすべての生き物は、食べることで栄養を補給し、エネルギーに変えて生きています。生物がまだ豆粒よりもはるかに小さかった時代から、そうセットされてきました。

事実、呼吸をせずに生きられる生物はいても、何も食べないで生きていける生物はいません。いや、もしかしたらいるのかもしれませんが、基本的にそれは生物の定義に当てはまりません。

食べてエネルギーに変える仕組みは、代謝と呼ばれています。

理科の教科書風に言うと、遺伝して子孫を残すこと、細胞という小さなかたまりを一単位にしていること、ずっと同じではなく進化する可能性があることなどと並んで、生物の条件に挙げられています。

こうした生きる条件が十分に満たされたとき、生物は快をおぼえます。

快を求めることが生物の行動原理であるとしたら、食べることは単なる栄養補給にはとどまりません。主観的な言い方が許されるなら、心地がいいこと、しあわせなこと、とイコールと言っていいでしょう。

逆に言えば、食にありつけない状態は苦しみの元凶です。食べられないことは多くの人にとって不幸に直結します。食べられなくなったら、自己の生存はもちろん、家族を養えず、子孫が残せなくなります。それは生物としての本能に反することであり、快から遠ざかる行為そのものでしょう。

つまり、グレートジャーニーは、フードジャーニー。旅することは食べること、食べるために歩くこと。

アフリカで生まれたとされる人類は、なぜ世界へ散っていったのか？

さまざまな背景が考えられていますが、シンプルに言えば、その土地で食べられなくなった、だからやむなく旅を始めた。食べるものを求めて、いや、失われた心地よさ、しあわせを求めて……。

冒険心、好奇心だけで大移動が起こるわけではない、もっとずっと切実な事情のなかから人生の冒険は始まるのです。

食べるということには、さまざまな側面があります。

食は歴史のなかで培われた文化であると同時に、生理的な営みであり、経済と健康、生存するための両端に直結しています。

大事なのは、さまざまな側面に分断される前の状態を想起し、できるかぎりフラットに世界を見つめ直してみることです。

生物としての自分は、細胞レベル、身体レベルで、こうした分断される前、壁のない世界をたえず感じとっています。

それは、部分に対する全体と呼んでもいいかもしれません。

ユーラシアからアジアへ、アジアから日本列島へ……極東の細長く、小さな島にたどり着いた人たちは、特有の気候風土のなかで食べ、感じ、行動し、そこでしか味わえない生き方を受け継いでいきました。

その国ごと、その地域ごとにフードジャーニーがありますが、この本でフォーカスするのは日本列島のフードジャーニー。その全体像をつかみとるため、過去の歩みをたどる旅に出てみましょう。

旅と言っても、目に見える外の世界を移動するだけにとどまりません。

生きることは食べることである以上、この本の旅は歴史や地理にとどまらず、身体の内部の働きもリンクしてきます。

食べ物からエネルギーを生み出す代謝、そこに関与する免疫、腸内細菌、ミトコンドリアなどの働きも生命の旅の一部です。

そう、マクロからミクロへ、そしてマクロからミクロへ……。自己を介して細胞、腸、日本、世界……わたしという存在の内と外を行き来しながら、これまでになかった旅の地図を描いていきましょう。

健康であること、快適に暮らせること……生命が38億年かけて生み出した知恵が、そこには凝縮されています。

読まれた方の旅の概念が変わり、生きて食べることの意味が再構築できたならば、これ以上の喜びはありません。

INDEX

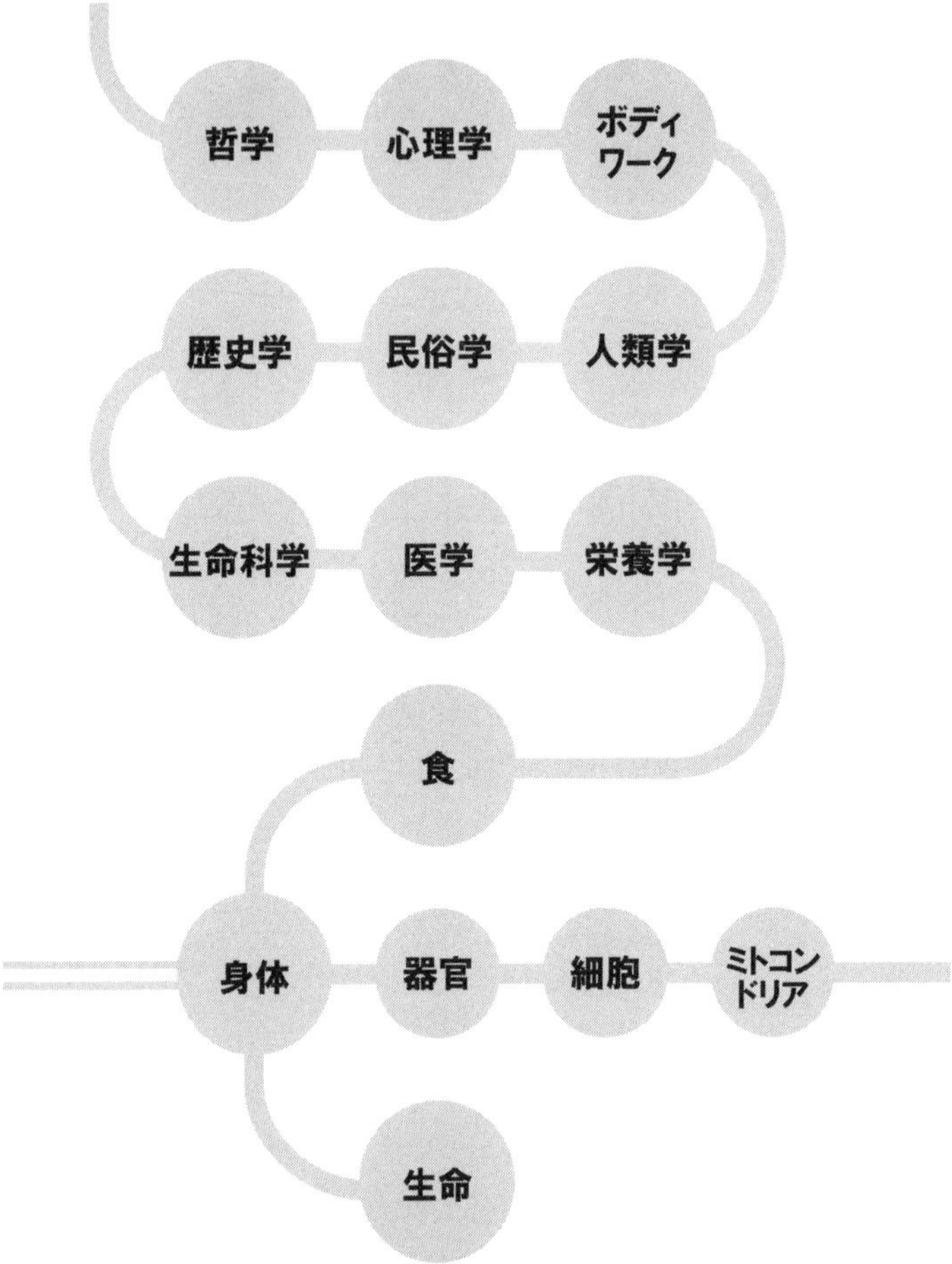

哲学
心理学
ボディワーク
人類学
民俗学
歴史学
生命科学
医学
栄養学
食
身体
器官
細胞
ミトコンドリア
生命

フードジャーニーの全体像

身体と生命に関わる分野を
ひとつに結び、無数の層が
織りなす世界を俯瞰する…

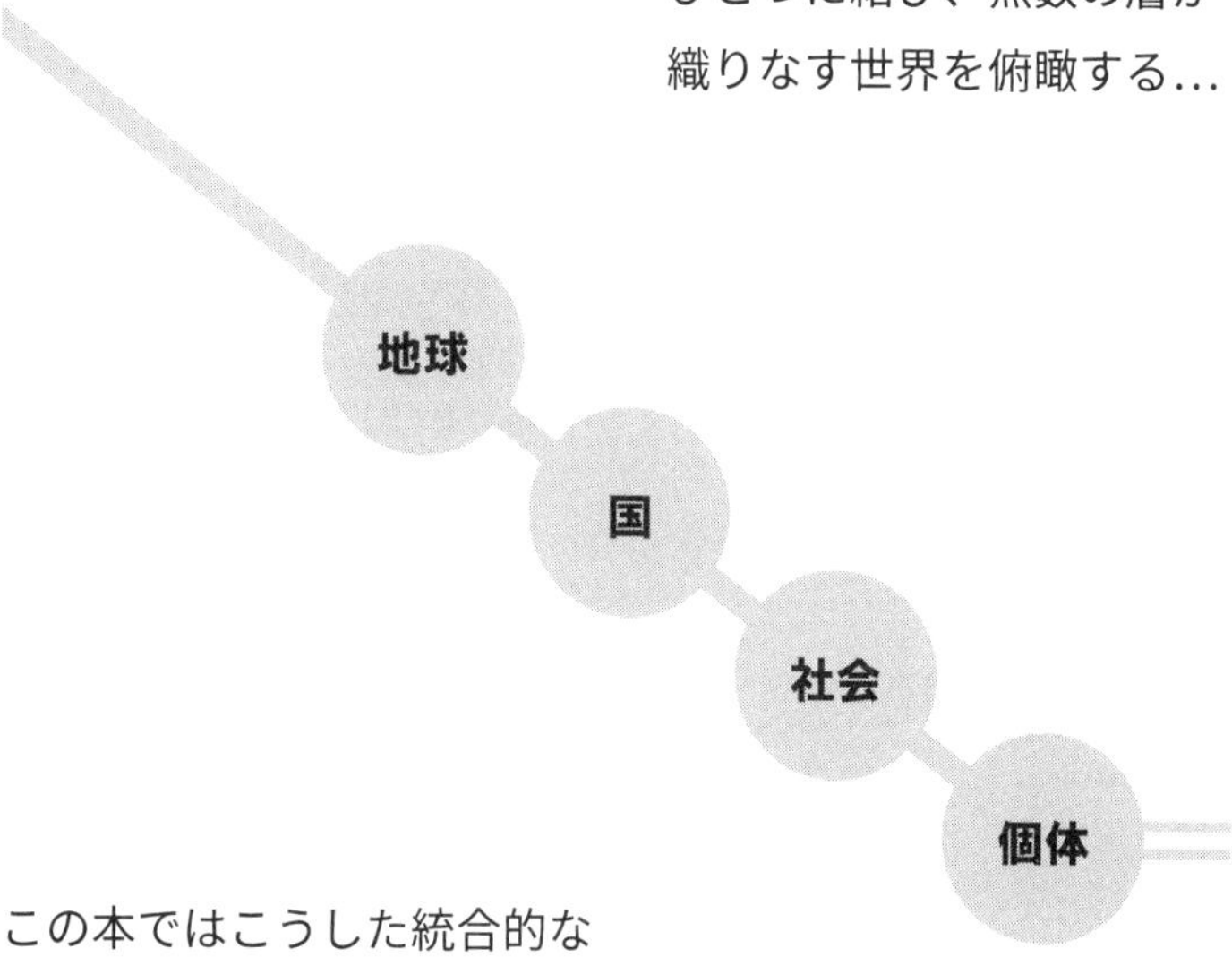

地球
国
社会
個体

この本ではこうした統合的な
視点（生体コミュニケーショ
ン論と呼びます）から、独自
の物語を展開させていきます。

長沼敬憲　Takanori Naganuma

山梨県生まれ。作家。サイエンスライター。セルフメンテナンス・食事プログラム開発者。30 代より医療・健康・食・生命科学・歴史などの分野の取材を開始、書籍の企画・編集・著者プロデュースに取り組む。著書に『腸脳力』『最新の科学でわかった！ 最強の 24 時間』『ミトコンドリア“腸”健康法』など。エディターとして、累計50 万部に及ぶ「骨ストレッチ」シリーズをプロデュースしたほか、医師、研究者、ボディワーカー、施術者など様々な分野の第一人者の書籍を手がけてきた。

2015 年 12 月、活動拠点である三浦半島の葉山にて「ハンカチーフ・ブックス」を創刊 、編集長に就任。日本各地を旅し、その土地の人と風土に関わってきた経験を活かし、日本のローカルの歴史と文化を海外発信する nowhere JAPAN（ノーウェア・ジャパ ン）プロジェクトを設立するなど、食、健康、旅、歴史、文化など人と生命の営み全般をつなげ、俯瞰する活動を続けている。2020 年 4 月、一般社団法人セルフメンテナンス協会を設立。同年 11 月、5 年の歳月をかけて取材・執筆したライフワーク『フードジャーニー』をハンカチーフ・ブックスより刊行。

★ハンカチーフ・ブックス　https://handkerchief-books.com/

★ Bio&Anthropos（科学系インタビューサイト）　https://www.bio-anthropos.com

★ Little Sanctuary（個人ブログ）　https://little-sanctuary.net/

★一般社団法人 セルフメンテナンス協会　https://selfmaintenance.org/

1 食べるために生きてきた

ジェームス・ディーンが主演した『エデンの東』という古い映画があります。

エデンの東はノドと呼ばれ、エデンの園を追放されたアダムとイヴの息子カインがたどり着いた土地として知られます。

それがなぜ映画のタイトルになったのでしょう?

ノドには流浪者とか、逃亡者という意味がありますが、旧約聖書の「創世記」には、カインが弟のアベルを殺したと書かれてあります。だとすれば、流刑地のようなニュアンスだったかもしれません。

カインは、いわば人類最初の殺人者。しかも、神に「アベルはどこにいるのか?」と尋ねられた時、「知らない」と嘘もついています。

「カインは弟アベルに言った。『さあ野原へ行こう』。

彼らが野にいたとき、カインは弟アベルに立ちかかって、これを殺した。

主はカインに言われた、『弟アベルは、どこにいますか』。

カインは答えた、『知りません。わたしが弟の番人でしょうか』。[※]」

この言葉を聞いた神は、「今あなたはのろわれてこの土地を離れなければなりません」と告げます。

いわく、「あなたが土地を耕しても、土地は、もはやあなたのために実を結びません。あなたは地上の放浪者となるでしょう」。[※同] 人類の祖先であるカインが、殺人と嘘の代償で流刑地であるノドに移り住む……聖書では、これが人類の旅の始まりとして描かれます。

このエピソードをモチーフにした映画『エデンの東』では、父をめぐる兄と弟の確執が描かれています。

ジェームス・ディーン演じる主人公は、品行方正な弟を何かにつけてかわいがる父が気に入らず、つねに反抗します。

そして、新しい事業を始めようと父のもとから離れます。

反抗はじつは愛に飢えている証しでもあるわけですが、父は彼をなかなか認めようとしません。最終的にふたりには和解という顛末が待っていますが、ここで見え

※「創世記」章4（日本聖書協会訳『口語訳聖書』所収）

てくるのは旅の意味です。

父を神に置き換えてもいいし、置き換えなくてもいい。反抗した息子が旅をし、そして帰ってくる。また旅に出ることもあるかもしれませんが、でも、またいつか帰ろうと思うでしょう。

カインの末裔である人類も長い旅を続けていますが、もとあった場所に帰り着くことができたでしょうか？

人類の「出アフリカ」の旅を駆け足でたどってみましょう。

アフリカで生まれたとされる人類は、一気にグレートジャーニーを開始し、世界に散らばっていったわけではありません。

数百万年という長い歳月のなかで断続的に活動範囲を広げていき、そのなかでじわじわと進化してきたようです。

この間、20種ほどの人類が現れ、そして滅び、その唯一の生き残りであるホモ・サピエンスは、6万年ほど前にグレートジャーニーを始めた新参者の人類であったと考えられています。

初期の人類の一つに数えられるアウストラロピテクスが現れたのは400万年ほど前とされますから、同じ人類でも年代にずいぶん開きがあります。いや、年代のみならず、見た目もかなり違います。

アウストラロピテクスは、猿人と呼ばれることもあるように、こじんまりして、外見はほとんどサルと変わりません。

サルと違っているのは、直立歩行するかどうか。

これに対し、20〜30万年前、おなじアフリカに現れたホモ・サピエンスは、直立歩行はもちろん、脳の大きさも、骨格も、顔つきも、子孫であるいまの人類とほとんど変わりないくらいに変化していました。

彼らはほかの人類がそうしてきたように、やがて故郷を飛び出し、世界へと拡散し、少しずつ子孫を増やしていきました。ただ、その足どりは残されたわずかな骨だけではわかりません。

教えてくれたのは細胞内の小さな器官です。

ヒトの体を構成する細胞の一つ一つには、ミトコンドリアという活動エネルギーを生み出す工場があります。

エネルギーを製造する重要な器官でありながら、もとは細胞に寄生した細菌の一種だったとされ、その証拠にシンプルながらＤＮＡを持っています。

ＤＮＡというと、通常、核のなかの遺伝情報が思い浮かびますが、細胞内にはミトコンドリアのような変わった生き物が棲みついていて、増殖を繰り返しながら生命活動を支えています※。

体内の部外者が生命活動を支配する……生き物は個であって個ではない、不思議な構造で成り立っているのです。

＊

食べるということは、このミトコンドリアまで食べ物の栄養や酸素を運こび、エネルギーに切り替えることを意味します。

食べ物を咀嚼(そしゃく)して、バラバラに分解して腸から取り込み、細胞内でもさらに細分化し……最終地点のミトコンドリアで電子や水素が取り出されます。そうやって活動エネルギーのもとになるＡＴＰ（アデノシン三リン酸）という物質がつくられますが、その要求する量はあまりに膨大です。

多くの細胞によって成り立っている動物は、自らの身体を維持するためたえず食べ続けなくてはなりません。しかも動物の場合、食べるために動きまわる必要があります。歩くことはエサを探し、補給するための手段であり、おそらくそれが旅の

※細胞共生説。1970年、リン・マーギュリスが提唱。

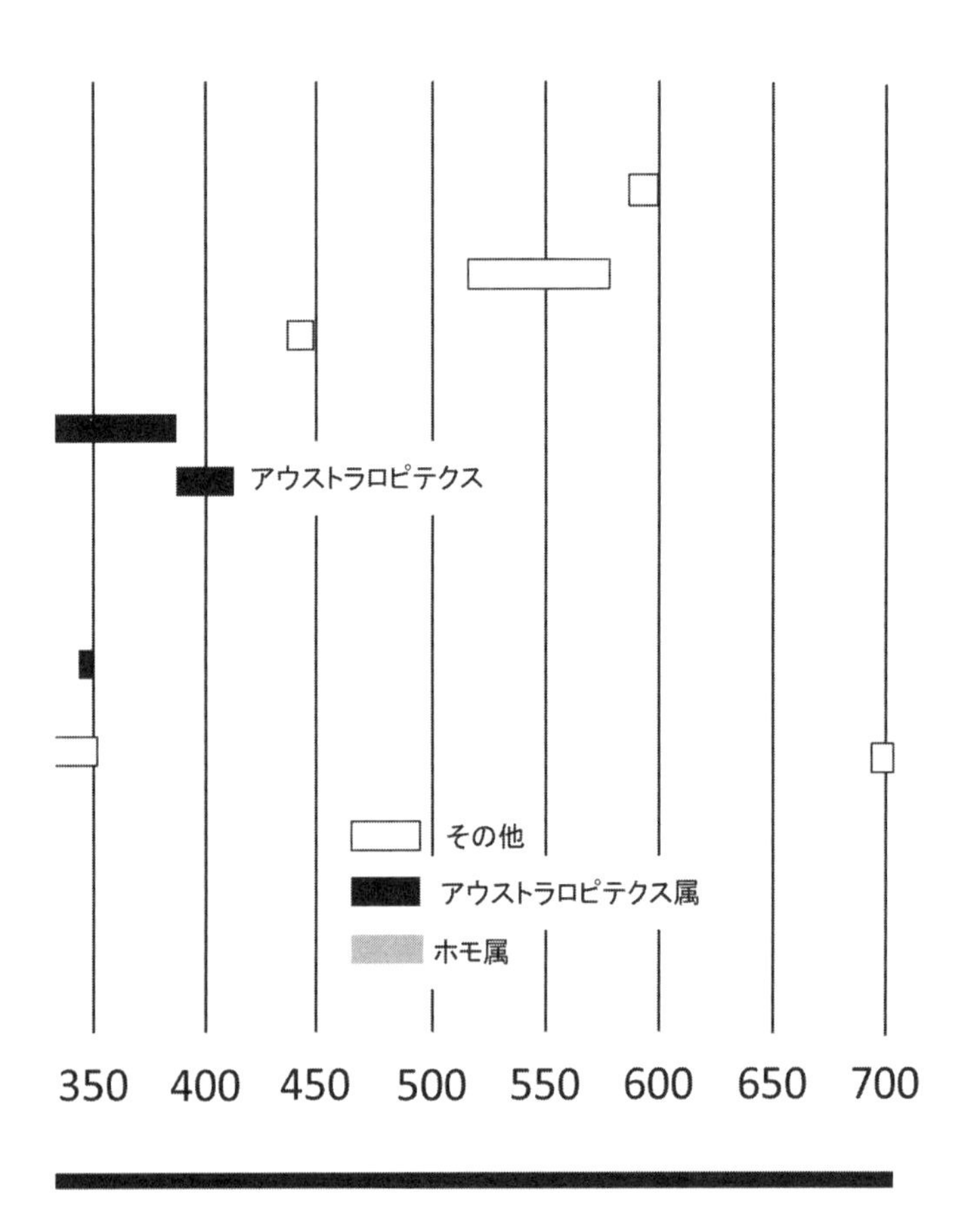

河合信和『ヒトの進化 七〇〇万年史』（筑摩書房）をもとに作成。
出典は From Lucy to Language,2006

ホモ・サピエンスとアナザー人類

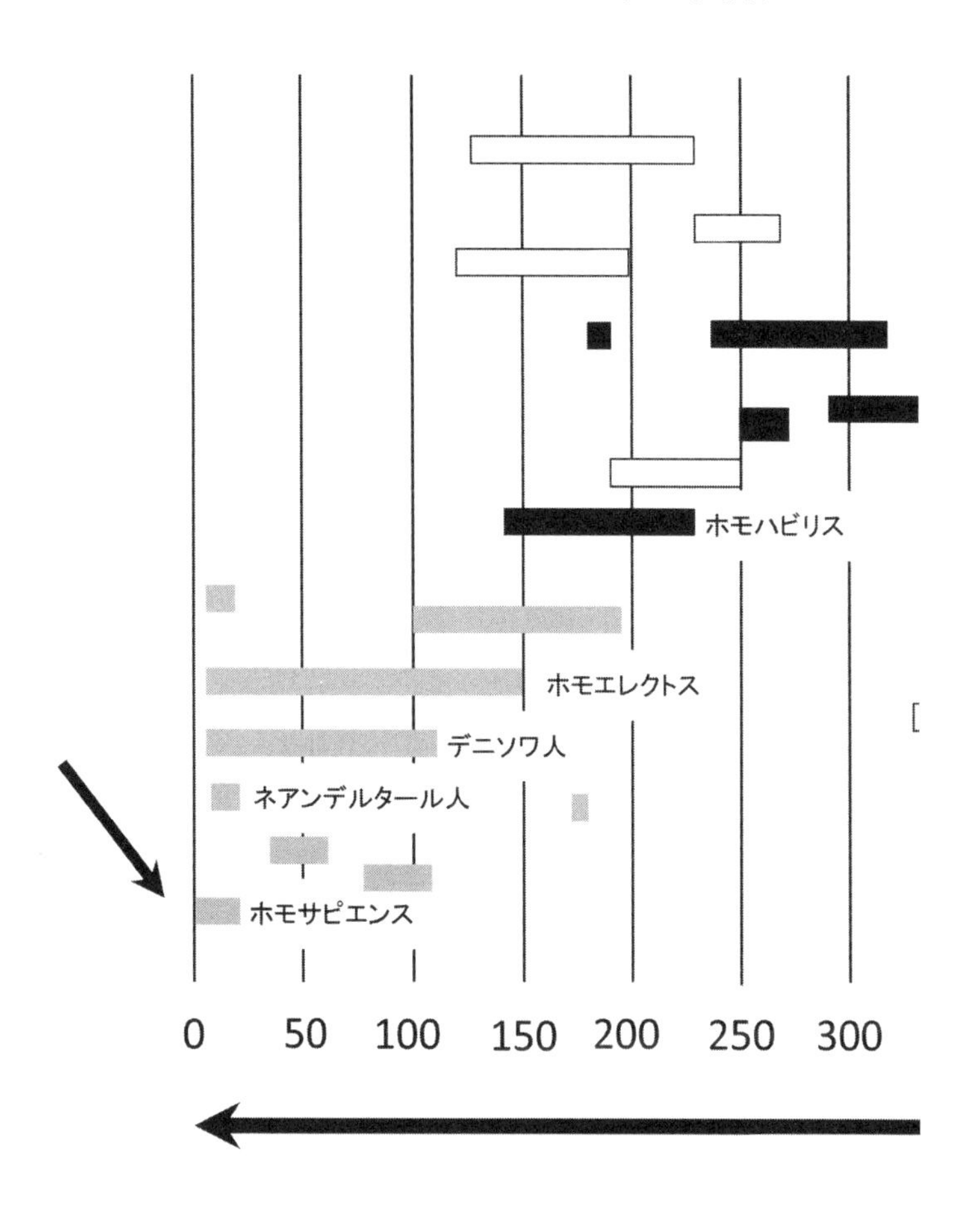

起源だったでしょう。

ホモ・サピエンスもまた、まるでミトコンドリアに命じられるかのように食を求めて大地をさまよい、そのなかで飢えずに子孫を残せたグループが生き残り、遺伝情報をいまに伝えています。

食べ続ける仕組みのなかで世界と触れ合い、刺激され、結果としてここまで進化したと言ってもいいかもしれません。


不思議な因果のように映るかもしれませんが、こうした旅の足どりを教えてくれたのも、じつはミトコンドリアでした。

ミトコンドリアのＤＮＡは、核のＤＮＡと同様、代を重ねるごとに変異していくため、その塩基配列の微妙な差異を解析していくと、過去から現在へと連なる人類のルーツが浮かび上がります。

遺伝子の構造がシンプルであるため解析しやすく、古くから人類のルーツ探しに活用されてきましたが、ミトコンドリアＤＮＡには核のＤＮＡとは大きく異なる特徴がありました。

精子と卵子が受精すると、核のＤＮＡでは、それぞれの遺伝情報が半分ずつ伝わっていきますが、ミトコンドリアの場合、受精卵には卵子のミトコンドリアＤＮＡしか残りません。精子のミトコンドリアＤＮＡは受精した段階で排除され、母方の系統だけが代々伝わっていくのです[※]。

理由はよくわかりませんが、メスありきで成り立っている生物の法則がここにも適応されているのかもしれません。この母性遺伝の仕組みを応用して、人類の母方のルーツ探しが始まりました。

ミトコンドリアＤＮＡの系譜をさかのぼっていくと、ついにはアフリカにたどり着きます。いまの人類の直接の祖先は、遠い昔、アフリカで暮らしていた女性のなかにいたようなのです。

ミトコンドリアＤＮＡの解析によって、人類のルーツがアフリカであることが確実視されるようになりました。

＊

食べることから生きることを見つめた場合、エネルギーを生み出すミトコンドリアは一番小さな単位になります。

※ 米川博通『生と死を握るミトコンドリアの秘密〜健康と長寿を支配するミクロな器官』（技術評論社）

進化は「共生」から始まった

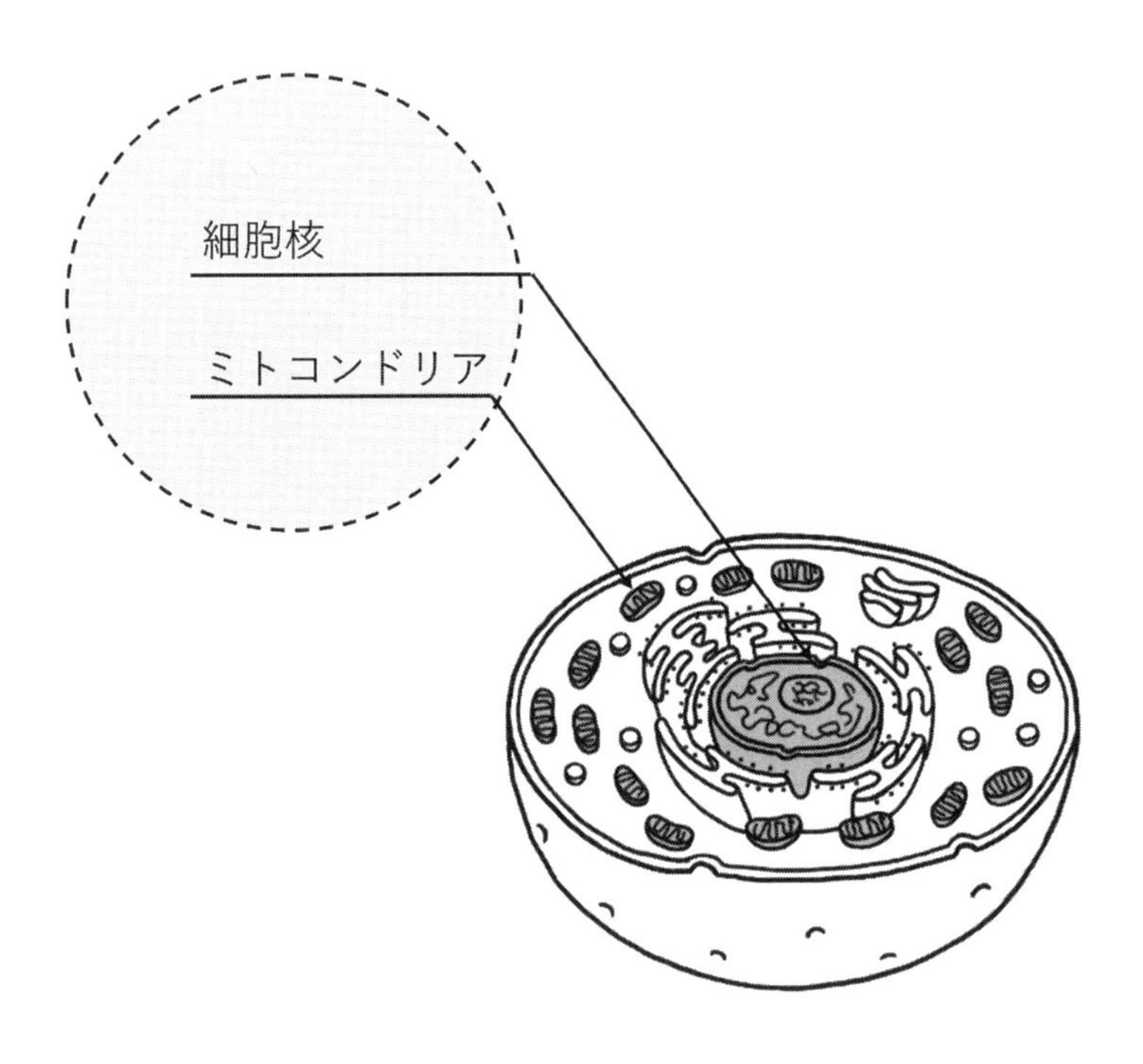

腸内細菌との共生が始まるはるか以前、細胞内の共生が生命の進化のエポックになった。米川博通『生と死を握るミトコンドリアの秘密』（技術評論社）をもとに作成。

このミトコンドリアが集まり、活動する場が細胞です。

細胞はミトコンドリアの力を借りて活動し、祖先からの遺伝情報を次代に伝えることで、子孫を残していきます。

ミトコンドリアを持っていない古い時代の細胞（＝原核生物）は分裂することで子孫を残しますが、ミトコンドリアが備わって以降の細胞（＝真核生物）は有性生殖を始めるようになりました。

メスとオスが生まれ、それぞれの遺伝情報を分け合う形で、新しい個体が生まれる仕組みが出来上がったのです。生物に寿命が生まれ、老いて死ぬようになったのも、この時からと考えられています※。

また、その過程で細胞そのものも大きくなり、それぞれが集まって組織や器官をつくり、たくさんの細胞に一度に栄養や酸素が送れるようになりました。そうやって生まれたのがゾウリムシなどの原生生物であり、そこからキノコやカビなどの菌類、植物、動物が枝分かれしたといわれています。

動物のなかで最も複雑に進化した存在が、ヒトにあたります。

われわれの身体は細胞の集合体であり、ミトコンドリアが細胞という場で活動するように、細胞は身体という場で活動しています。その先にあるのが、個体が集まっ

※高木由臣『生老死の進化～生物の「寿命」はなぜ生まれたか（京都大学学術出版会）

てできる社会です。

その意味では、細胞も身体も、小さな社会と言えます[※]。

ここから先は、ヒトという生き物にフォーカスしていきましょう。

通常、社会の基本単位は家族であり、血縁によって結ばれた人たちが集まることで部族や民族が生まれます。

それは、同質の文化を共有するコミュニティと言い換えられます。コミュニティはやがてより大きなコミュニティに統合され、異質なものも包含した社会、そして国がつくられるようになります。

この国の先にあるのが、これらすべてをスッポリ包み込むように存在する地球という場、生態系です。

地球という大きな場のなかでは、社会や国は組織や器官であり、ヒトは細胞といった位置づけになります。スケールが違うだけで、どれも一つのコミュニティであり、それは「食べる」ことを通じて結びついています。

＊

歴史の話に戻ることにしましょう。

※ 岡田節人『細胞の社会〜生命秩序の基本を探る』（講談社）

この世界のつながり

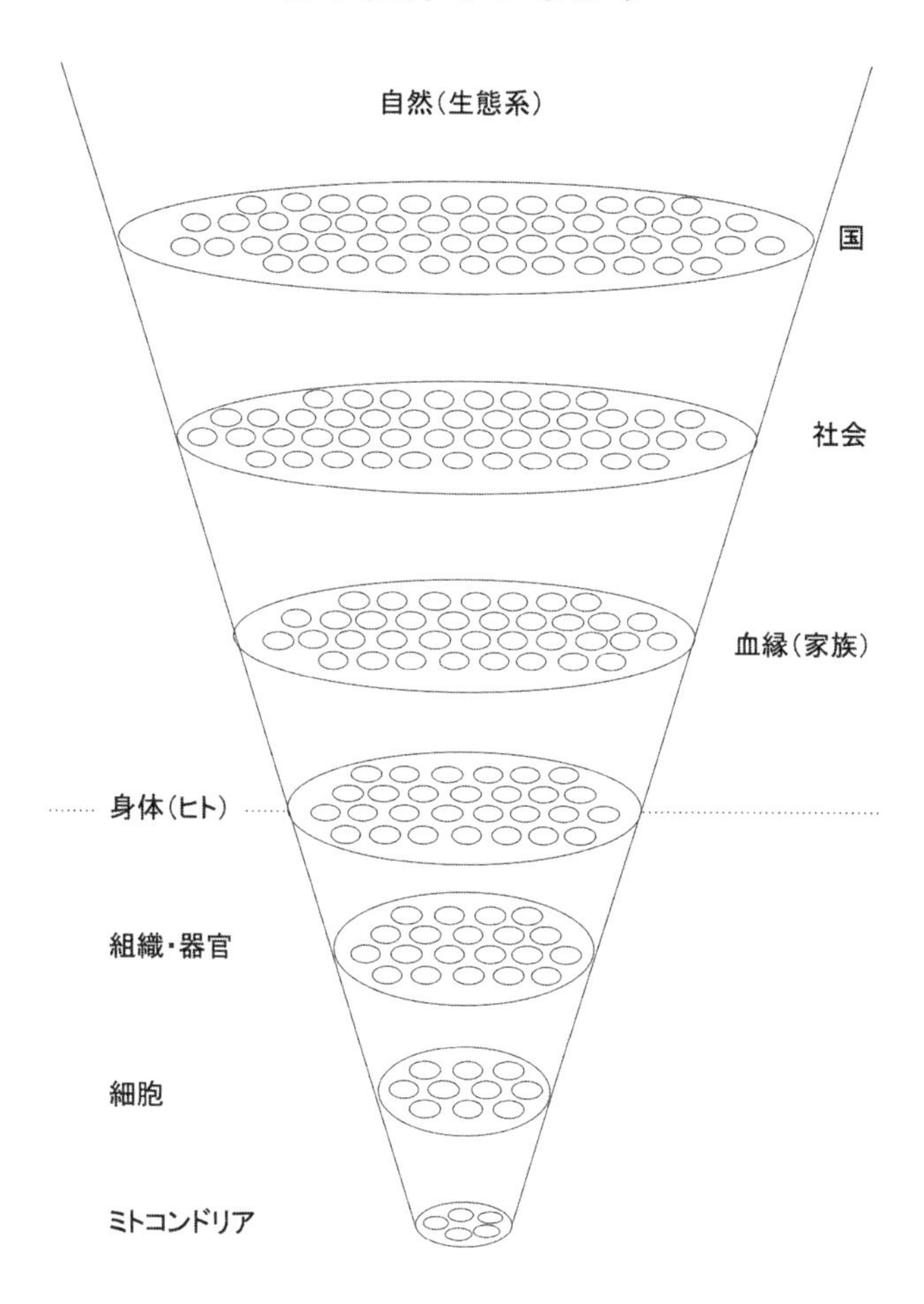

初期の人類は、農耕や牧畜を始める以前、主にハンティングによって食を得ていたと言われています。

食を求めながら地球上をさまよい、獲物の多かった地域には半定住し、なかにはそこで暮らし始めたグループもいたでしょう。

もちろん、異なるグループと接触し、争うこともあったはずです。

後からやってきたグループの人数が多かったり、強いリーダーがいたり、武器を持っていたりすると、元いたグループが排除され、その土地、食がすべて奪われたこともあったでしょう。

争いから逃れたグループはそのまま流浪の民になってさまよい、また新たに食べられる場所を見つけ、食にありつけなかったグループも同じように別の土地へとさまよい……数世代をリレーしながら、その一部はアメリカ大陸を縦断し、その南端にまでたどり着きました。

いまから1万3000年ほど前のことと言われています。

ほかにもオセアニアに渡ったグループ、太平洋上のポリネシアの島々に住み着いたグループ、そして、日本列島に住み着いたグループ……。旅の行程は時間とともに枝分かれし、遺伝子の系統も細分化され、かくして世界中にさまざまな部族、民族が生まれました。

この本の執筆に入る、少し前のことです。

ふと思い立って、学生時代に読んだ司馬遼太郎さんの『項羽と劉邦』（新潮社）という小説を読み返してみました。

この小説は司馬さんの初期の長編の一つで、「史記」や「漢書」をベースに古代中国のエポックな興亡のひとつ、秦の始皇帝の死から始まり、漢と楚の争い、漢帝国の成立までの歴史を描いています。

「史記」をまとめた司馬遷は紀元前1〜2世紀の頃の人で、20代の前半に長い旅をし、大陸の多様な風土、人とふれあい、その土地の古老から故事を聞き出すことで史家としての基礎をつくったといいます。

小説のなかに、次のような印象的なくだりがあります。

「この大陸にあっては、王朝が衰えるとき、（中略）大陸そのものが流民のるつぼになってしまう。

流民のめざすところは、理想でも思想でもなく、食であった。大小の英雄豪傑というのは、流民から推戴された親分を指す。親分―英雄―は流民に食を保障することによって成立し、食を保障できない者は流民に殺されるか、身一つで逃亡せざるをえない。（中略）

このため、能力のある英雄のもとには、五万、十万という流民―兵士―がたちまち入りこんでしまい、一個の軍事勢力を形成する。二十万、五十万といったような流民の食を確保しうる者が世間から大英雄としてあつかわれ、ついには流民から王として推戴されたりする」

英雄物語の本質は食の奪い合いであるという、どこか冷めた司馬さんのとらえ方がずっと心のなかにとどまってきました。

事実、それは東アジアだけでなく、ヨーロッパでも、中東でも、南北のアメリカ大陸でも起こりました。アフリカでも、オセアニアでも、日本列島でも……その意味では、歴史は略奪と殺し合いの血なまぐさい香りに満ちています。それは、こうしているいまも、この地球上で起こっています。

それは恨み、悲しみ、怒りの歴史とも言えますが、食をめぐる旅にはそれだけでない、希望や喜びに満ちた面もあります。

安住の場所を見つけることで、その土地に特有の食文化が生み出され、生きる喜びも多様化していったからです。

生きることには醜さもあれば、美しさもあります。

そのうちの美しさは、フランスのラスコー、スペインのアルタミラなどに遺された洞窟壁画のようなアートに結実しています。暗い洞窟のなかで描かれた灯火のような作品の数々は、遺伝子レベルで99%が重なるという他のサルの仲間には描くことはできません。[※1]

美しいものを美しいと感じる、それは暗い闇の代償として得られた、ヒトという生き物だけの特権です。

様々な動物たちが描かれた空間は、生きるために殺めた生き物たちへの贖罪を反映させたものだったかもしれません。[※2]しかし、そこに見出せるはかなさは、ふしぎな感動に満ちています。

生きることの絶対条件ではありませんが、ヒトは脳を発達させることで、アートもまた**食べる**ようになりました。知識や情報も貪欲に取り込み、文字通り、生きる糧に代えてきたのでしょう。私たちは腸だけでなく、脳も使って食べ、成長する、とても特異な生き物です。

※1 サルはヒト以外の霊長類の総称ですが、ここではヒトに遺伝的に最も違いチンパンジーを指します。

※2 ジョルジュ・バタイユ『エロチシズム（ジョルジュ・バタイユ著作集）』（二見書房）

フランス・モンティニャック、ラスコー洞窟の壁画より。

スペイン・バレンシア州 カステリョンの岩絵より。

＊

ホモ・サピエンスの時代から、再び過去にさかのぼってみましょう。

動物学者の島泰三（しまたいぞう）さんは、アフリカ大陸の南東、マダガスカル島に棲息するアイアイというサルの仲間を観察することで、「手と口連合仮説」というユニークな説を唱えました。

アイアイは、中指だけが針金のように細長い手を持っていることで知られています。長い間、その理由がよくわからなかったのですが、島さんはアイアイが尖った切歯（せっし）でラミーという木の実に穴を開け、その細長い指で種をかき出して食べる様子を初めて確認します。

つまり、「手の形状と口の形状、そしてその動物の食べるものは密接に関わりあっている」ということです。

こうした相関関係は、チンパンジー、ゴリラ、オランウータンなど、ほかのサルの仲間でも観察できました。

だとすれば、人類はどうなのでしょうか？

初期の人類（アウストラロピテクスなど）は、通説では、大規模な気候変動で森に棲めなくなったサルの末裔で、サバンナに放り出されることで直立歩行を始め、ヒトに進化したとされています。

こうしたサルからヒトへの過程はまだまだブラックボックスも多いですが、大きく変化したのはその食性です。

樹上生活では木の実や昆虫が主食でしたが、サバンナではほかの動物、つまり、肉食に頼るしかありません。

といっても、いきなりハンティングは無理なので、初期の頃は他の肉食動物の食べ残し、つまり屍肉（しにく）を漁っていた。いや、屍肉もまたハイエナが奪っていってしまったら、あとは骨しか残りません。

島さんは、みずからの「手と口連合仮説」をふまえ、「初期の人類は骨を砕いて食べていた」と考察します。

「大型の肉食獣でさえ見捨てた骨は、そうとうに大きなものが多いと考えてもいいから、それを口に入るほどに割る道具が必要である。それが、人類の手である。（中略）初期人類以来、人類の手の親指は太くなっていたが（中略）、それは主食である

アイアイの手指と食性

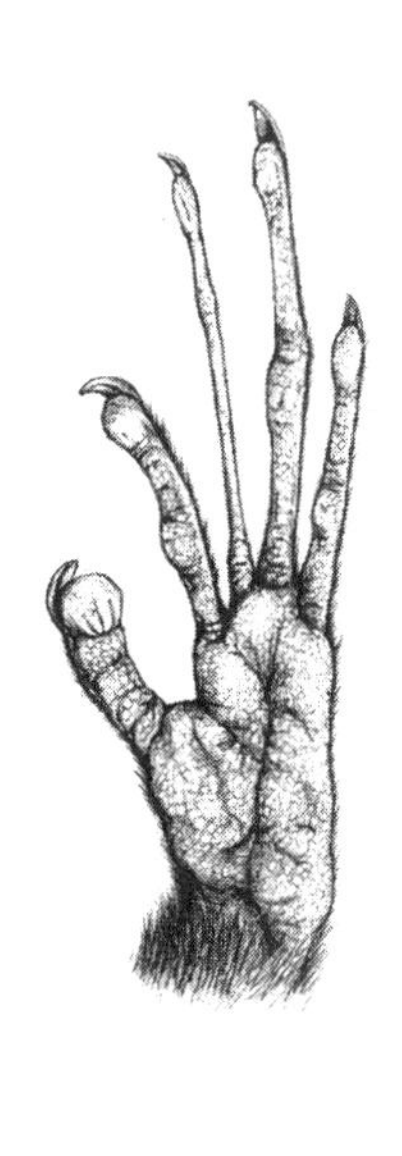

島泰三『人はなぜ立ったのか?〜アイアイが教えてくれた人類の謎』(学習研究社)より

骨を割るために石（石器でないとしても）を握りしめる必要があったからである※」

これに加え、（初期の人類である）「アウストラロピテクス属の頑丈なあごと大きな臼歯は、ひじょうに強い力で効率よく骨をすり潰すための道具である」ため、「初期人類の手と歯は、骨を主食にするために必要不可欠の条件をすべて満たしている※同」といいます。

この着想のすごいところは、こうした食性の変化が直立歩行の引き金になったととらえたところでしょう。

「主食は常の食物だから、握りしめる石は常にもっていなくてはならない。握りしめた石は、四足歩行をむつかしいものにした。肉食獣が食べ残した骨があるのは、アフリカの平らなサバンナである。平坦な広野という二足歩行に適した環境条件があり、食物のために石を握りしめていた初期人類は、二足で立つ理由があった※同」

直立歩行の引き金については諸説がありますが、骨を砕いて食べたという点は興味をそそります。初期の人類はそれだけ弱者であり、それゆえ生き延びる知恵が生

※島泰三『親指はなぜ太いのか〜直立二足歩行の起原に迫る』（中央公論新社）

まれたことが想像できるからです。

「じつは、骨には十分な栄養がある。それもなまじの肉よりもはるかに優れた食材なのである。（中略）

牛骨、豚骨、鶏骨のたんぱく質割合とエネルギーは豚肩肉にひけをとらず、脂質はいずれも豚肩肉より高かった。むろん、カルシウム、リン、マグネシウム、ナトリウム、鉄などの無機成分は豚肩肉とくらべられないほど高く、（中略）骨がいかに栄養的に優れているか、納得できる。これを食物にしない手はない※同」

骨を食べるということは、惨めなことのように思えますが、このように思いのほか栄養があることがわかっています。

こうした骨食を契機にしつつ、原人から旧人、新人へと進化していく過程で肉にありつけるまでになったのでしょう。使用していた石もさまざまな石器に進化し、石槍や弓のような動物を倒す武器も生まれました。

初期の人類であるアウストラロピテクスがアフリカに現れた400万年ほど前の段階で、脳の大きさは300～400CCほど。

サルとさほど変わらない大きさですが、人類はその後もゆっくりと進化していき、20～30万年前に現れたホモ・サピエンスの段階で、脳の大きさは１３００～１４００CCに肥大化していました。

この間、農耕や牧畜はまだ始まっておらず、食べる手段はハンティングが中心でしたから、もちろん肉食です。

同時代に存在していたネアンデルタール人も肉食で、脳の容量は１５００CCと、むしろ大きかったと言われています。

ネアンデルタール人が滅び、ホモ・サピエンスが生き延びた背景も諸説ありますが、前述の島さんは、ホモ・サピエンスが「水辺で潜り、魚を捕る」ことで生き延びてきたと考察しています。


「水辺の類人猿ホモ・サピエンスにとって、魚介類を主食にするニッチはことさら重要だった。それは脳の発達に欠くことができない栄養である必須脂肪酸や必須ミネラルの鉄やヨード（ヨウ素）などが含まれているからである※」

体毛がなくなり、皮下脂肪が厚くなったのも、他の人類に比べて骨格が華奢（きゃしゃ）なの

※ 島泰三『ヒト～異端のサルの1億年』（中央公論新社）

も、水中生活に適応した結果ということになりますが、ここで重視したいのは「ホモ・サピエンスが脂質やタンパク質によって脳を大きくさせ、知恵を磨いてきた」という点でしょう。

植物から動物へ主食を切り替えることで脳を断続的に進化させ、ヒトの祖先は生き延びてきたようなのです。

＊

ホモ・サピエンスのサピエンス（sapiens）には、ラテン語で「賢い」「知恵」といった意味があります。

知恵はホモ・サピエンス最大の特徴と言ってよく、事実、過去の人類に比べたら確かに抜きん出ていたでしょう。

この知恵によって生き残る選択肢が得られたことは確かですが、そこにも光と闇はあります。前述した旧約聖書「創世記」の冒頭、有名なアダムとイヴのエピソードに目を向けてみましょう。

創造主である神は、自らの似姿として生み出したアダムをエデンの園に住まわせ、こう告げました。

「あなたは園のどの木からでも心のままに取って食べてよろしい。
しかし、善悪の知識の木からは取って食べてはならない。それを取って食べると、
きっと死ぬであろう」※

神はアダムのあとにイヴを生み出し、この世界に一対の男女が生まれますが、イヴのもとに一匹の蛇が現れ、こう言います。

「あなた方は決して死ぬようなことはないでしょう。それを食べると、あなたがたの目が開け、神のように善悪を知る者になることを、神は知っておられるのです」※同

神のように善悪を知る者になる……蛇にそんな魅惑的な言葉をささやかれたイブは、その実を食べてしまいます。アダムもイヴにすすめられ、同じように知恵の実を口にします。

ここでいう知恵は、自意識（自我）と呼んでもいいかもしれません。他の動物が

※「創世記」章2〜4（日本聖書協会訳『口語訳聖書』所収）

持っていなかった自己認識する能力、それは脳で言えば、知性をつかさどる前頭葉の特異な発達と重なるでしょう。

誓いを破って知恵を身につけたアダムとイヴは、楽園を追放され、そこから原罪を背負った人類の苦難の歴史が始まりました。

それをグレートジャーニーと重ねるのは抵抗があるかもしれませんが、少なくとも聖書を原典としているキリスト教やユダヤ教では、知恵というものをあまり肯定的にとらえてはいません。

なにしろ、人が犯してきたさまざまな罪のおおもと、原罪であり、人を神から離反させ、堕落させた元凶なのですから。

光と闇の、闇をつくりだす原因こそが知恵だというのです。

おそらく、人類が現れる前のアフリカの森は、多くの生き物にとってエデンの園のような楽園であったのでしょう。

その森から放り出された人類の歩みは、食べるための切実な旅であり、厳しい自然との戦いでもありました。

事実、ホモ・サピエンスがアフリカから脱出した時期、地球は最終氷期の真っただ中だったと言われています。
寒冷化が進むなか、森に住めなくなったヒトの祖先は知恵を磨くことが何よりも求められました。それは生き延びる手段にとどまらず、狡猾さや残忍さ、欲望を増幅することにもつながったでしょう。

「最終氷期のただ中に極寒の地域で人類が生き延びるためには、後期石器時代革命とよばれる五万年前から四万年前を起源とする知性の発達が重要な役割を果たした。（中略）
人類はこの頃からはっきりと創意工夫の跡を残すようになる。（中略）
人々は植物採取では十分な食糧が確保できず、トナカイ、ウマ、オオヘラジカといった大型草食動物を狩猟して生活を送っていた。わずか三家族一五人が生きていくためにも、年間一五〇〇頭のトナカイを捕まえる必要があった。獲物が季節によって移動するため、自然の移り変わりや動物の動向を把握し、狩猟の罠を仕掛けるといった工夫も行われた[※]」

その後、最終氷期が終りを告げ、地球が徐々に暖かくなることで人口が増えていっ

※ 田家康『気候文明史〜世界を変えた8万年』（日本経済新聞出版社）

たと言われていますが、そこにヤンガードリアスと呼ばれる大規模な「寒の戻り」が起こります。

数千年にわたって再び寒冷化に見舞われるなか、生き延びるために始まったのが農耕であり、牧畜だったと言われています。

農耕の発祥の地としては、1万年ほど前、西アジアで始まった小麦栽培が知られています。シュメール人がこれを引き継ぎ、チグリス・ユーフラテス川の周辺で初期の都市文明が花開きました。

東アジアの長江流域でも、やはり1万年ほど前に稲作が始まり、やがて北方の黄河流域にも広まります。

また、インドやエジプトでは9000年前に小麦栽培が、人類が長い旅の末にたどり着いたアメリカ大陸でも、8000年ほど前に中南米でトウモロコシの栽培の痕跡が見つかっています。

一般的には、こうした農耕と同時進行で牧畜も始まり、食糧供給が安定することで人口が増加していったとされますが、「農耕・牧畜によって食糧の安定供給が実現し、人口が増えた」とは言えません。

実際、農耕や牧畜が始まる以前に人口は増えたことがわかっています。その後、気候変動によって従来の狩猟採集生活が困難になったため、新たに農耕・牧畜が始まったということでしょう[＊同]。

　知恵の実を食べたホモ・サピエンスは、地球の気候が変動するなか、生き延びるために遺伝子のどこかを変異させ、コミュニティを拡大発展させる＝人口を増やす方向に舵を切ったのかもしれません。

「神は彼らを祝福して言われた。

「産めよ、増えよ、地に満ちて、これを従わせよ。海の魚、空の鳥、地を這うあらゆる生き物を治めよ」。

　神は言われた。「私は全地の面にある、種をつけるあらゆる草と、種をつけて実がなるあらゆる木を、あなたがたに与えた。それはあなたがたの食物となる。また、地のあらゆる獣、空のあらゆる鳥、地を這う命あるあらゆるものに、すべての青草を食物として与えた[※]。」

　少々まわりくどく思えるかもしれませんが、種としての志向が変わることで人口が増え、やがて農耕や牧畜による食糧生産が見出されることで、ヒト（ホモ・サピ

※「創世記」章2~·4（日本聖書協会訳『口語訳聖書』所収）

エンス）の社会は急速に拡大していきました。

それができなかったネアンデルタール人は滅びましたが、これ以降、さまざまな文明が花開くなかで争いの種も生まれ、「エデンの園」からはますます遠ざかっていったでしょう。生存戦略としては成功したことになりますが、それは自然からは明らかに逸脱した道だったと言えます。

聖書が原罪と呼ぶバックグラウンドも、このあたりに見出せます。

＊

ここで、科学の話をリンクさせていきましょう。

こうした人類の旅の足どりは、近年、核のＤＮＡの解析によってさらに明瞭に裏付けられるようになりました。

先ほどミトコンドリアＤＮＡの話をしましたが、新たに対象になったのは、核ＤＮＡのなかにあるＹ染色体です。

遺伝情報は核のなかのＤＮＡにコードされ、そのＤＮＡは二重らせんの構造をとりながらヒストンと呼ばれるタンパク質の小さな塊にくるくると巻かれて、染色体

旧石器時代の気候変動

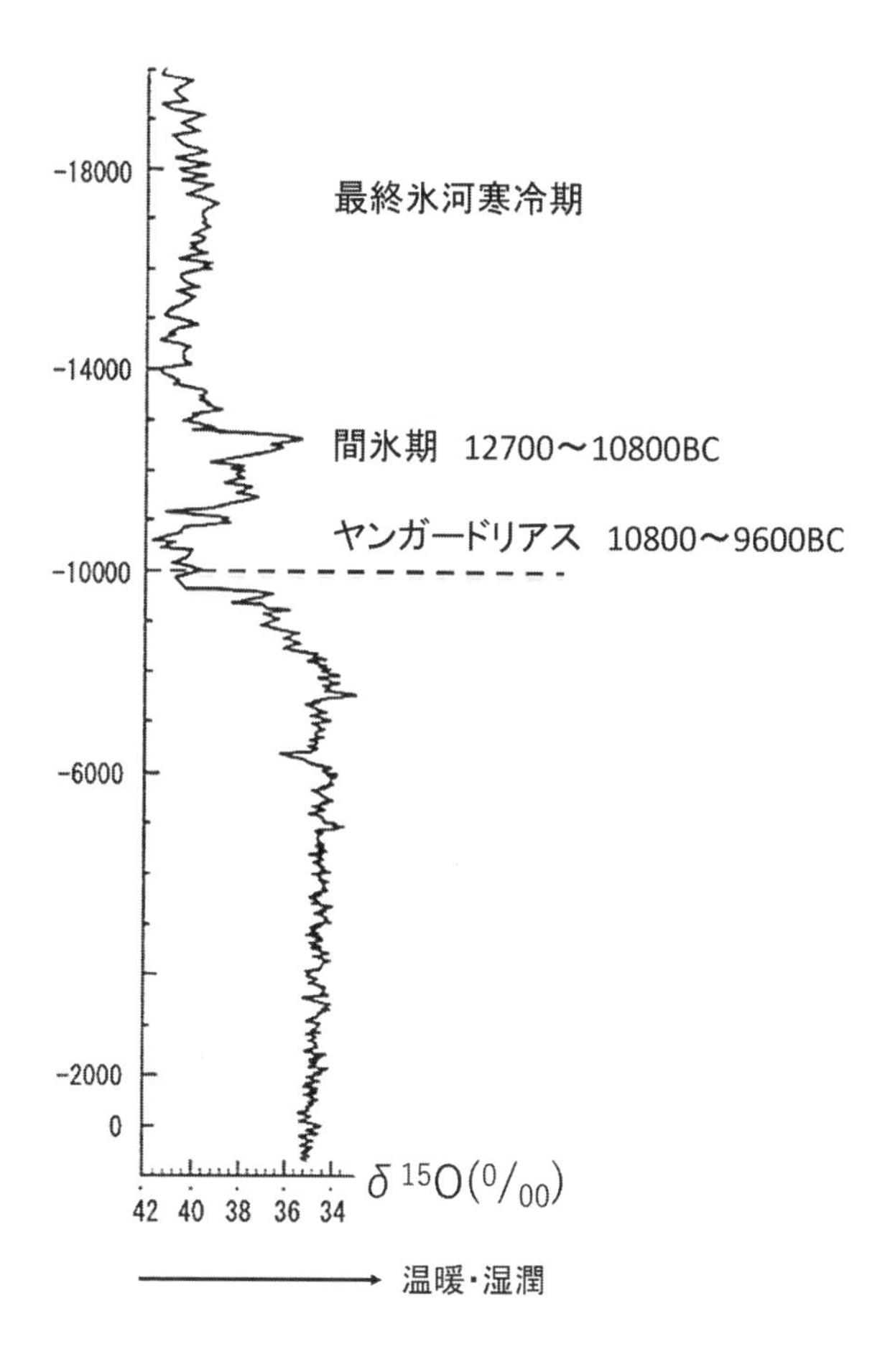

横軸は酸素同位体比率による単位。太古の貝殻やサンゴに含まれる酸素の同位体比が、地質年代の気候変化を復元する目安とされる（図はヴォルフガング・ベーリンガー『気候の文化史〜氷期から地球温暖化まで』をもとに作成）。

というまとまりになります。

ヒトはこの染色体を23対持っており、アダム（男）とイヴ（女）が受精するとそれぞれ二重らせんがほどかれ新たならせんが作られることで、次の世代に生きる情報が継承されていきます。

このうちのY染色体は男性だけが持っているため、ここを調べることで父方の系譜をさかのぼっていくことができます。ミトコンドリアの母系に対して、Y染色体は父系のルーツにあたるのです。

ちょっと専門的になりますが、遺伝子解析では二重らせんの片側の塩基配列の組み合わせ（ハプロタイプ）を対象にしており、同じ傾向のハプロタイプを持った集団（ハプログループ）が、Y染色体では18パターンに分けられることが確認されています。

つまり、人類の父方のルーツは18に分類できるということです※。

この18パターンはA～Rのタイプで分類されており、このうちのAがアフリカで生まれた最初のホモ・サピエンス。

ここから枝分かれが始まり、初期段階でアジアまで達したのがCとDのグルー

※ 崎谷満『DNAでたどる日本人10万年の旅～多様なヒト・言語・文化はどこから来たのか?』（昭和堂）

プ、その後、コーカサス地方でFグループが生まれ、このFグループからヨーロッパ、アジア、アメリカ……と世界中へ拡散していくG～Rのグループがさらに派生していったと考えられます。

ここでは、日本列島にやってきたグループについて言及しましょう。

その特徴は大きく二つあり、ひとつは古い時代のDグループがいまもなお日本人の3～4割を占めているということ。Dの遺伝子の系統はさらに細かく分けられますが、このうちのD1a1はチベットに、D1a2aは日本列島、D1a2bはインド洋上のアンダマン諸島に見出されます。

東アジアに多いのはFから枝分かれしたOのグループで、こちらは主に中国や朝鮮半島に住む人たちが該当します。日本人の2～3割がO2b、O3に該当しますが、それ以上の割合を占めているのが、東アジアの辺境にしか残存していないDグループの系統なのです。

Dグループは、もともと日本列島で暮らしていた人たち、Oグループは新たに渡来し、共生するようになった人たち……その意味では、Dを「縄文人」、Oを「弥生人」と呼んでもいいでしょう。

Y染色体の解析によって、大陸では根絶してしまったグループ（＝縄文人）が滅

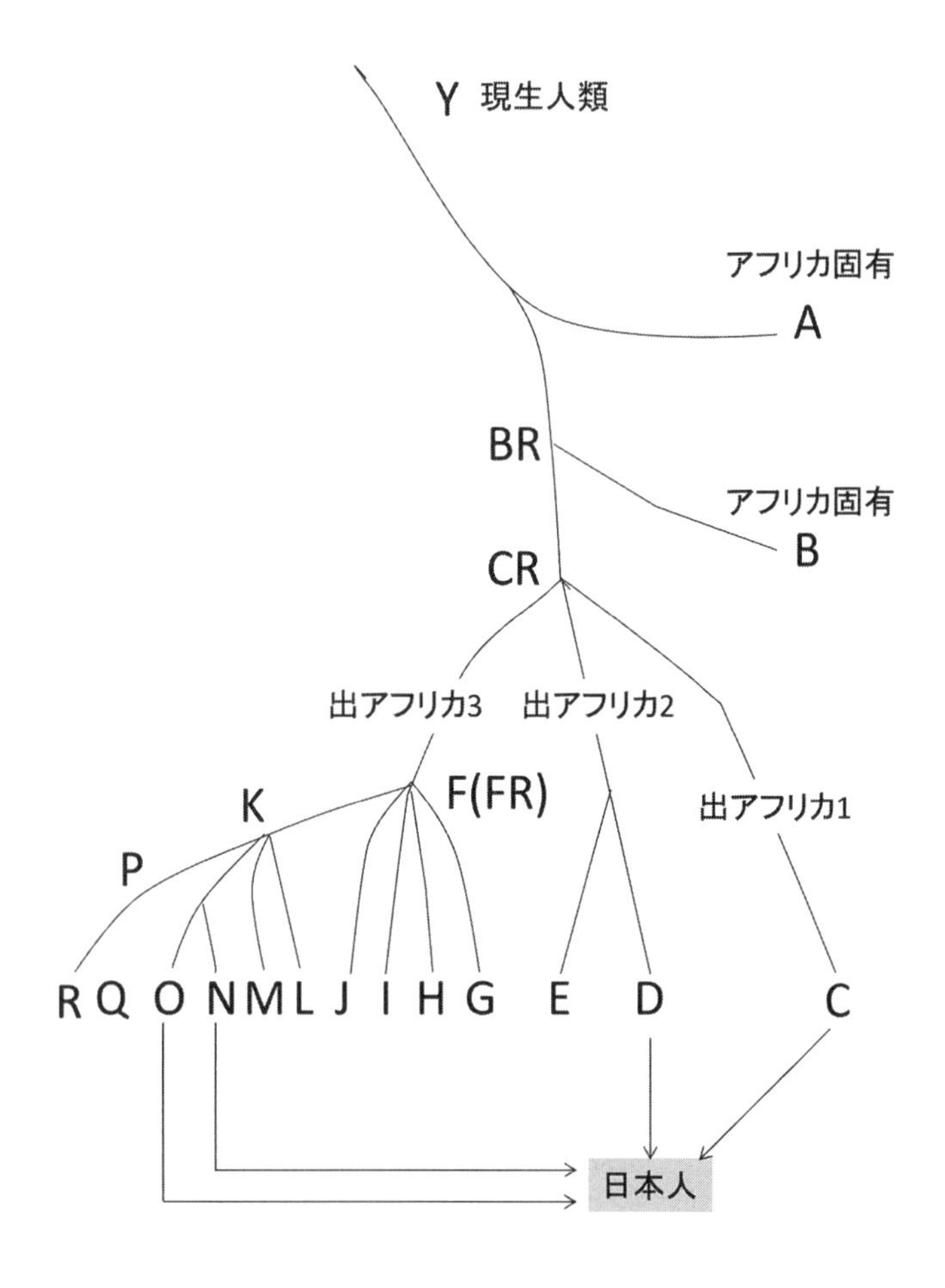

崎谷満『DNAでたどる日本人 10 万年の旅』（昭和堂）をもとに作成。

ぼされず、新たにやって来たグループ（＝弥生人）と混血し、共存してきた事実が浮かび上がってきたのです。

もうひとつの特徴は、世界に散らばった主要な3グループ（C、DE、FR）がすべて日本列島には残っているという点です。

Dグループ（縄文人）、FRグループを起源に持つOグループ（弥生人）はもちろん、Dよりもさらに古い時代に北方ルートで日本列島にたどり着いたCグループ、東南アジアでOと分岐したNのグループなども断続的に定着していることがわかっています。

Y染色体の多型分析に携わった崎谷満（さきたにみつる）さんは、次のように指摘します。

「日本列島におけるY染色体亜型分布の特徴は、高いD系統の存在だけに限らず、この出アフリカの三系統のいずれにも由来するグループ、つまりC系統、D系統およびN系統・O系統が今でも共存していることが全世界的にみて珍しい状況を生んでいる。ヨーロッパは非常にDNA多様性が高い地域ではあるが出アフリカの二系統しかみられない。パプアニューギニア、アメリカ先住民、シベリア、インド、中国、その他、ほとんどの地域が出アフリアの二系統までしか見いだせないのに対し、ここ日本列島では出アフリカの三系統の末裔が今でも認められる。これは歴史上の不思議である※同」

Ｙ染色体のハプログループは父方の系譜ですから、旅の途中で争いが起こり、滅ぼされてしまうと、その地域で継承されなくなります。Ｙ染色体でわかるのは、勝者の系譜でもあるからです。

つまり、多様なハプログループが残っているということは、日本列島では特定のグループが殲滅させられるような大規模な争いがなかった、つまり平和だったという証拠になります。

なお、遺伝子解析の技術が飛躍的に進むことで、近年では核ＤＮＡ全体の遺伝情報を調べることも可能になってきました。

ミトコンドリアＤＮＡやＹ染色体の解析と比べた場合、核ＤＮＡから得られる情報量が圧倒的に違ってきますが、そこでわかってきたのは、縄文人のルーツが東アジアや東南アジアのグループよりもさらに古い時代にあるという点です。

しかも、北方なのか南方なのか、どんな経路をたどって日本列島にたどりついた

東アジアにおけるY染色体Dグループの分布

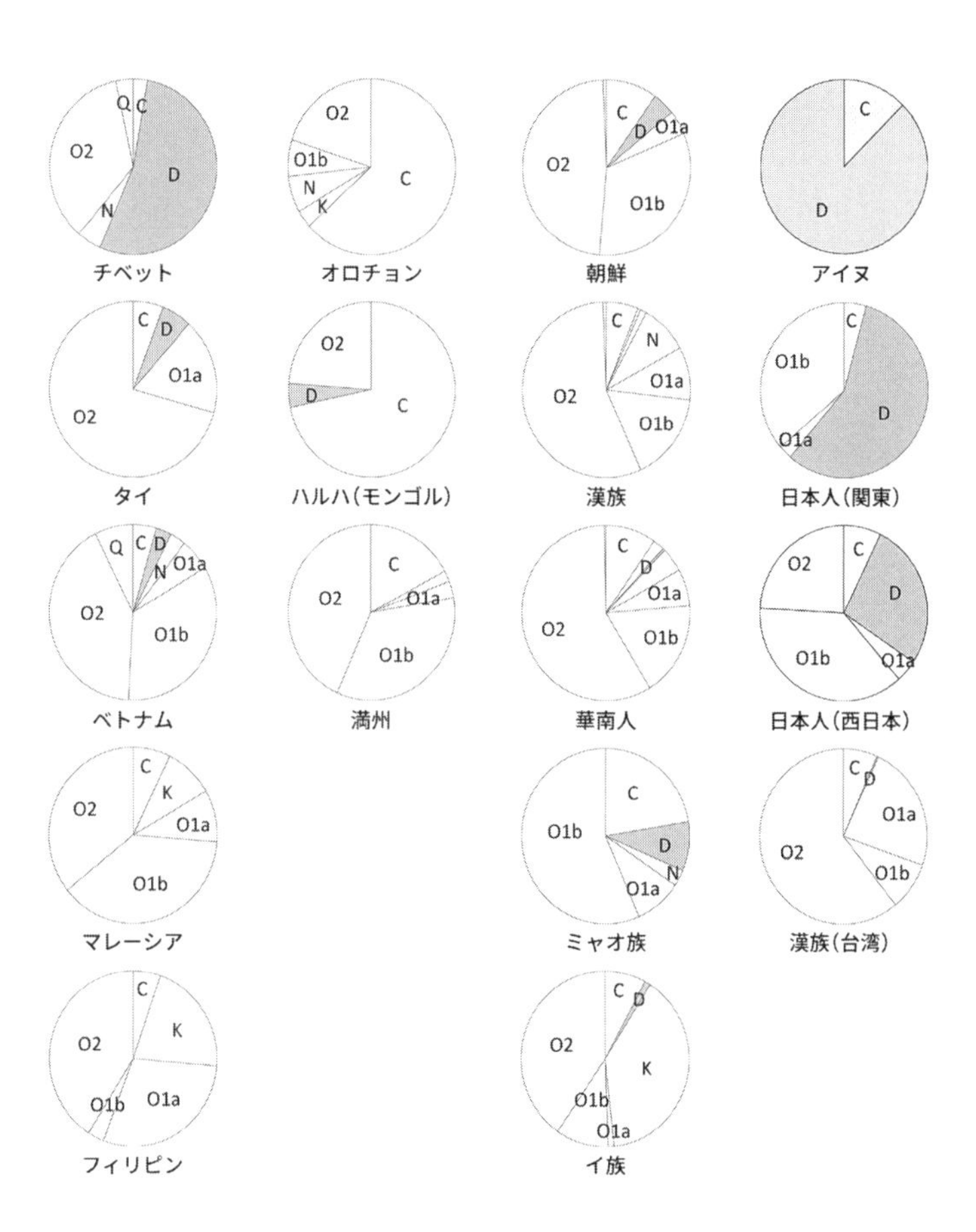

かハッキリしないにもかかわらず、いまもなお日本人のおよそ2割ほどが当てはまるといいます。※

1億2千万にも及ぶ人口の2割のルーツが明確にわからないほど古いというのは、ちょっと驚きです。

＊

この本をつくるにあたって影響を受けた研究者の一人に、経済人類学者の栗本慎一郎（くりもとしんいちろう）さんがいます。

栗本さんがベースにしている経済人類学が面白いのは、社会を一つの生き物として見る視点によって成り立っている点です。

地球全体が一つの生命体として有機的につながっているととらえ、その生の営みのなかに経済があると見なすため、歴史に関しても、西洋史、東洋史、日本史といった分け方はしません。

そうした区分けを外して、ヒトの営みの歴史をありのままに見ていくと、まずユーラシアという最大の大陸が浮かび上がります。

※ 斎藤成也『核DNA解析でたどる 日本人の源流』（河出書房新社）

それは、出アフリカ以降の人類のルーツをたどったグレートジャーニーにとどまる話ではありません。それ以後の歴史のほぼすべてがユーラシアを起点にし、その影響が辺境へ辺境へ拡散していったことがわかります。※

そうした歴史のエッセンスを点描していくと……。

まず、ユーラシア大陸のなかでヒトの絶え間ない行き来があり、興亡があり、そこで起こったことが世界史の核にあったこと。つまり、教科書で多くのページが占められているヨーロッパや中国の興亡の歴史（＝西洋史や東洋史）は、その一部にすぎなかったこと。

大陸の興亡史のなかでは、遊牧民、騎馬民が圧倒的な力を持ち、ゲルマン人の帝国や漢民族の王朝をつねに脅かしていたこと。

そのなかには、よく知られるモンゴル帝国だけでなく、パルティア、カザール、チュルク（突厥〔とっけつ〕）、キメク汗国などの大国が数百年単位で入れ替わり立ち替わり、草原を支配し、巨利を得ていたこと。

彼らは領土ではなく人の集団を国家と見なしていたため団結力があり、それゆえ勇猛で、戦争にも強かったこと。

ユーラシアの北方に広がっていた壮大な「草原の道」こそが遊牧民たちの移動と

※ 栗本慎一郎『栗本慎一郎の全世界史〜経済人類学が導いた生命論としての歴史』（技術評論社）

交易のメインルートであり、「シルクロード」は紛争などで通れない時の迂回路のような位置付けにすぎなかったこと。

古来、この草原の道を活用することで、東西の交流は一般に思われている以上に活発に行われていたこと……。


広大なユーラシア大陸で様々な国々が勃興するなか、当然、争いに敗れ、土地を追われる人たちも出てきます。

土地を追われた人たちは東へ東へと流れ、そうしたグループのどれほどかが東の果ての日本列島にたどり着きます。

「四方を海に囲まれた日本列島は、敗残者が駆け込むアジール※のような土地だったのでしょう」

インタビューした際、栗本さんはそう話されました。

遺伝子解析の結果からもわかるように、縄文時代から弥生時代、そして古墳時代にかけて、おそらく断続的に、規模の異なる様々なグループが海を越え、日本列島にたどり着いたはずです。

その日本列島は気候が温暖で、豊かな森が広がり、しかも、まだあまりたくさん

※ 聖域、避難場所を意味する語。逃げ込んだ者が保護され，世俗的な権力が侵すことのできない領域を指す。61ページ参照。

の人が住んでいませんでした。

ですから、土地をことさら奪い合う必要もありません。東にはもう海しかない以上、「最果ての地で『これ以上争ってもしょうがないんじゃないか』という心理が働いた」[※]可能性は十分あります。

ユーラシア大陸のアジールだった日本列島……この言葉を聞いた数年後、友人であるカメラマンの井島健至(いじまたけし)さんから、ユーラシア大陸が縦になった面白い世界地図を紹介されました。

もともとジャーナリストの高野孟(たかのはじめ)さんが考案されたものですが、日本列島がまるでパチンコの受け皿のようになっているのがわかります。引用された本をたどると、次のような一節がありました。


「様々なルートから多様きわまる文化を受け止める日本は相当に煩雑な文化のたまり場だったのだろう。それら全てを受け入れ、混沌を引き受け続けることによって、逆に一気にそれらを融合させる極限のハイブリッドに到達した。すなわち究極のシンプル、つまりゼロをもって全てを止揚することを思いついたのではないか。何もないことをもって全てをバランスさせようという感覚に到達したのではないか。日

※ 栗本慎一郎インタビュー2-③（インターネット「Bio&Anthropos」所収）

本を最下端に配したユーラシア大陸を眺めるとそんなふうに納得できるのである」※

海を渡ったその東の果ての島には、確かに何もなかったでしょう。

ただ、前述したように、目の前には森が広がり、山があり、川があり、季節の移ろいのなかで豊かに暮らす人たちがいました。

たどり着いた旅人たちの心の奥底では、もしかしたらルーツであるアフリカの森がオーバーラップされたかもしれません。

そこは「エデンの園」ではありませんから、住み着いていくなかで、ときに争いが起こることもあったでしょう。

しかし、エジプト、メソポタミア、黄河などで文明が生まれた世界史の黎明期、その圏外にあった日本列島では、あくせくと働かなくても食べていける豊かな時代がゆうに1万年は続いていました。

そうした縄文の記憶は、決して遠い昔の話ではなく、いまも一人ひとりの身体のなかに刻み込まれています。その意味では、日本人のたましいの故郷と言ってもいいかもしれません。

われわれの祖先は、この日本列島で何を食べ、何を感じ、何を生みだしながら生

※ 原研哉『デザインのデザイン』（岩波書店）。左図の典拠になったのは、高野孟『最新・世界地図の読み方』（講談社）。

「文化の受け皿」としての日本列島

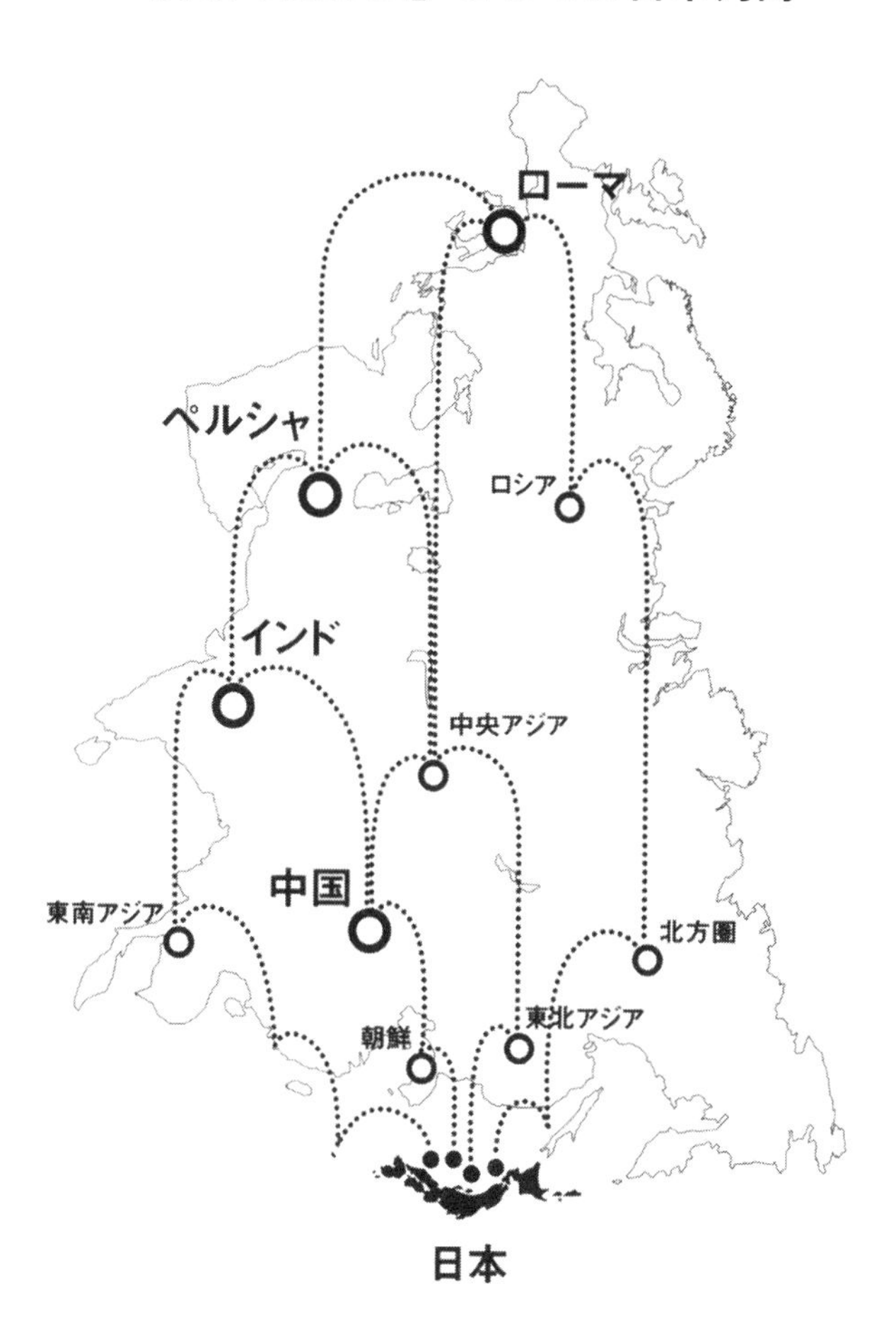

きてきたのでしょうか？　ヒトの性とどう向き合い、離反してしまった自然とどう関わりあってきたのでしょう？

日本列島の歴史物語がどのように始まり、展開されたのか、これからゆっくりたどっていきたいと思います。

COLUMN 1
土地、開墾、そしてアジール

アジールのことについて、少し補足しておきましょう。

学生時代、歴史が好きだったこともあり、授業中に教科書を先読みして日本史を組み立てていました。ただ、古い時代からたどっていくなかで、引っかかる箇所がいくつかありました。

その一つが、平安時代に始まったとされる荘園です。いろいろと説明されていましたが、どうもイメージが湧かない。その理由を探っていくなかで面白いことに気づきました。

まず、大元にある土地についての概念から考えてみましょう。

いまの時代、日本では「一つの土地に一つの権利」が当たり前ですが、昔はむしろまれで、一つの土地に様々な権利が複合し、所有者が何人もいることも珍しくはありませんでした。

歴史とは、政治や経済の歴史である以前に、土地を耕し、作物を植える開墾の歴史にほかなりません。

日本の場合、開拓の多くは稲作（水田耕作）と重なり合っていました。コメの話は後述しますが、そこで問われたのは、「自分が耕した土地を誰が保証してくれるか？」という権利の問題です。

中央政府の権力が低下すると、中央から派遣される官吏（国司）の力も弱まるため、国の保証はあてにならなくなります。そのなかで中央の有力貴族たちによって勝手に開墾が始まり、そうやって国のあちこちにまだらのように広まっていったのが荘園です。

荘園が広がっていったのは平安時代ですが、その後、鎌倉幕府がつくられると新たに守護や地頭が派遣されるようになります。

形式的には国司がいて、貴族たちが管理する荘園があり、そこにさらに武家が乗り込んで、所有権を主張したわけです。

室町、戦国の世を経て、こうした土地の混乱を一つにまとめ、文字通り、天下統一を果たしたのが豊臣秀吉です。

有名な太閤検地によって土地の権利を一元化し、1000年来の混乱を収束させたわけですから、彼はまさに英雄です。

以後、日本史は「秀吉以前・秀吉以後」と区切ってもいいくらいの大きなエポックを迎えることになります。

その後に控えているのが、江戸時代の２５０年にわたる泰平です。

前置きが長くなってしまいましたが、こうした変遷のなかで、すべての土地がくまなく開墾されていったわけではありません。

江戸時代初期、徳川家康によって日本各地の開墾が飛躍的に進んでいき、権利関係が整理されるようになっていきましたが、それ以前は「誰のものでもない土地」があちこちに残されていきました。

いや、江戸時代以降も部分的には残っていたでしょう。

じつはそれこそが、国家の管理が及ばないアジールであり、そこに身を置く多くは稲作文化の圏外の人たちでした。神社や仏閣のように、聖域として機能する場合も多かったでしょう。駆け込み寺のように、女性の避難場所として機能したアジールもありました。天下統一をした秀吉も、出自は謎が多く、このアジールから湧き上がってきたような存在です。

歴史学者の網野善彦（あみのよしひこ）さんは、「文学・芸能・美術・宗教等々、人の魂をゆるがす文化は、みな、この『無縁』の場に生まれ、『無縁』の人々によって担われているといってよかろう」と述べています[※]。

人と人とのつながり＝縁＝共同体、その埒外（らちがい）にあるものが無縁＝アジール。網野さんは、それをこう表現します。

「そこにふれ、またとびこむと、外の勝負、戦闘とは関係なくなり、安全になる場所や人、またそこに手をふれ、足をふみ入れることによって、戦闘力、活力を回復しうるような空間や人間[※同]」

すべてが決まっているような日常、遊びのない世界に窮屈さを感じた人たちは、アジールに焦がれました。

実際、存在の保証がなくなるリスクを引き換えにアジールに属し、芸人、職人、遊女、修行者として生きた人もいたでしょう。

そもそも日本は、江戸時代にあってもさほど土地に縛られていません。

奉公という形で江戸と地方を行き来することは当たり前であり、土地を持たない水呑百姓のなかには、海運業を営み巨利を得る者もいるなど、あちこちに抜け道がありました[※同]。

※ 網野善彦『増補 無縁・公界・楽〜日本中世の自由と平和』（平凡社）

封建社会は身分に縛られ、不自由だったというのは幻想かもしれません。

聖なるもの、高貴なるものはつねに周縁で生まれ、極（きわ）から世の中を動かし、文化を創造していきます。聖は厳しい生の世界でもありますが、そこには確かに自由が同居していました。

すき間の多いカオスの中にこそ、生きる自由は存在します。

こうした構造を世界全体に広げると、日本列島そのものがユーラシアのアジールだったという話につながります。その原型が、稲作の広まる以前の縄文世界だったと言っていいかもしれません。

話が少し先走りすぎてしまいました。

時間の針を戻し、アジールの原型である縄文の社会はどうつくられていったか？

物語を再開させましょう。

2 植物と再会した人たち

日本列島は、地勢学的に面白い事実がいくつかあります。

ひとつは温帯に属していながら、日本海側の一帯に関しては、世界でも有数の豪雪地帯として知られているという点。

雪深い土地は地球上に数多くありますが、日本海側の豪雪地帯には2500万もの人々がぎっしりと暮らしています。雪が降るのは冬の間だけですが、それにしてもすごい密度です。

そもそも、なぜこんなに雪が降るのでしょう？　豪雪を生み出すメカニズムには、まず気圧の動きが関係してきます。

天気予報などで「西高東低の冬型の気圧配置」といった言葉を耳にすることがあるでしょう。それは「西（大陸側）に高気圧、東（太平洋側）に低気圧が活動している状態」をいいますが、高気圧といっても、ここではシベリア寒気団を指し、猛烈な寒気を伴っています。

大気は気圧の高いほうから低いほうへと流れるため、冬になるとこの寒気団が日本列島に襲いかかってきます。

シベリア寒気団が東へ向かう途中には日本海が広がり、対馬暖流が流れています。暖流であるため水温は暖かく、大量の水蒸気が寒気団に吸収され、やがて雪雲になります。この雪雲が日本海側の山脈にぶつかることで、世界でも有数と言われる豪雪に見舞われるのです。

こうしたプロセスで「温帯でありながら、大雪も降る」という、日本列島特有の気候風土がつくられていきました。

しかも、積もった雪は春になると融けはじめ、川になって大地を循環するようになります。そうなれば、草木の生長はうながされ、樹々が育つことで、いつしか山は森で覆われます。

雪は清水を生み、やがて森へと化けるのです。

環境考古学者の安田喜憲(やすだよしのり)さんが、森に恵まれた日本列島の風土について興味深い指摘をしています。

安田さんがまず注目したのが、石器の大きさです。西アジアやヨーロッパの旧石器時代の石器と、日本の東北地方の遺跡で見つかった同時代の石器を比べると、前

日本列島の風土の成立

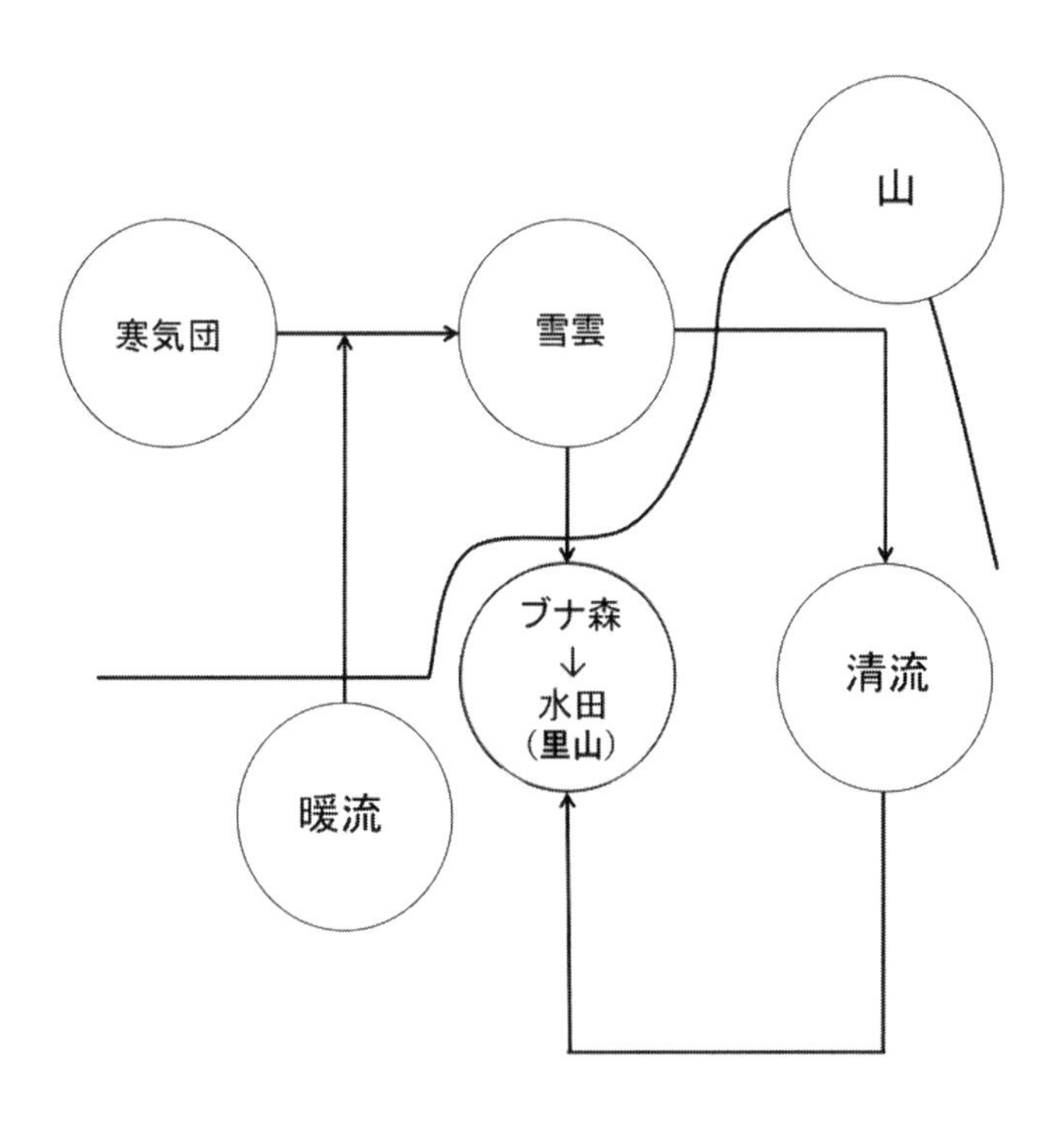

森林資源に恵まれた日本列島の自然風土は、稲作伝播と人口増によって人為的に作り替えられ、江戸時代以降、持続可能な里山文化が形成されていく。

者が圧倒的に大きいといいます。

なぜ、大きさが違うのか？　安田さんは、福井県三方湖（みかたこ）の湖底の堆積物をボーリングで採取し、どの層にどんな種類の花粉がどれだけ含まれているかを調べ、植生の変遷を探りました。

その結果、過去15万年にわたって「森の様子は何回も変化するが、全体の中で樹木の出現率は50パーセントの高い数値を示している」。つまり、「周辺には森の多い風景がずっと存在した※」。

まだ縄文時代の始まる以前、日本列島にはすでに森が広がっていたのです。

一方、同様の花粉分析によって、同時代の西アジアやヨーロッパには広大な草原が展開されていることが判明します。

安田さんは、両者を比較することで「巨大なシリアの石器と小さな日本の石器の違いを生み出したのは、旧石器時代の人々が生活した生態系の違いではないだろうか」と考察します。

「巨大な石器は草原に生息するゾウやサイ、ウマやバイソンなどの大型の哺乳動物を狩りするために作られたのであろう。これに対し、日本の小さな石器は、森の中

※ 安田喜憲『縄文文明の環境』（吉川弘文館）

のイノシシやシカなどの小型の哺乳動物の狩りのためのものだったと言えるのではないだろうか」※同

おそらく、この森の住人のなかに縄文人の祖先がいたのでしょう。

日本列島が大陸から切り離され、日本海に対馬暖流が流れはじめたのは1万3000年前頃とされています。

最終氷期が終わりを告げ、地球が温暖化に向かう時期と重なり合いますが、こうした環境の激変期に、東日本を中心に森の植生が雪に強いブナなどの落葉広葉樹へと変わっていきます。

西アジアの草原も温暖化によって森に変化しますが、その後、ヤンガードリアス（寒の戻り）によって地球が再び寒冷化に見舞われます。

この寒冷化で森の暮らしがままなくなり、農耕・牧畜が始まったことは前述した通りですが、「太平洋岸のヤンガードリアスの証拠は、大西洋岸ほど顕著には見られない」※同。つまり、日本列島ではヤンガードリアスの影響をあまり受けなかったと考えられます。

森の生活がそのまま継続され、農耕や牧畜に頼らない、狩猟・採集を主体にした時代が続いていくのです。

＊

日本列島に住み着いた人々が縄目模様の土器を作りはじめたのは、1万5000～6000年ほど前のことだったとされています。

まだブナの森が広がっていなかった頃、すでに土器作りが始まっていたことになりますが、彼らはもともと獲物を追い求めるハンターだったはずです。なぜ土器が必要になったのでしょう？

そのカギとして考えられるのは、やはり植生や気候の変化です。

「2万年前から1万7～8000年前までの間に、ナウマンゾウ、オオツノジカなど、長く人びとの胃袋を満たしてきた大型獣が姿を消していく。乱獲の結果という説もあるが、北海道でもマンモスゾウがいなくなったように、根本的な原因は温暖化だろう」※

※ 松木武彦『全集　日本の歴史　第1巻　列島創世記』（小学館）

大型動物の絶滅時期については諸説ありますが、この過程で彼らの食に大きな変化が訪れます。温暖化が進むことで植物への依存が増し、その分、肉食の割合が減っていったと考えられるからです。

温暖化は、縄文前期にあたる7000～8000年前にピークを迎えますが、当時は現在より平均気温が1～2度高く、その土地の気候に合った豊かな森が広がっていきました。

「山あいを除く西日本から東日本の海沿いの低地にかけては、シイやカシやクスノキが茂り、下草としてシダ類が密生する照葉樹林が発達して、ドングリ類を主とするナッツや、シダ類の山菜、キノコなどの植物食料をもたらした。また、中部高地や東日本の内陸から東北にかけては、ブナ、ミズナラ、トチノキなどからなる落葉広葉樹林が広がり、クリなどの大型ナッツ類やキノコなどの豊かな植物食料を得ることができた」※同

シイ、カシ、ミズナラに実るドングリの仲間やトチなどはアクを抜き、加熱しなければ食べられません。

また、採取した木の実を貯蔵する必要も出てきます。

土器が必要になるのはごく自然な流れだったのでしょう。彼らの住み着いた森には、こうした木の実だけでなく、あちこちに川が流れ、そこにはサケが遡上してきます。海沿いも温暖化によって海面が3〜5メートルほど上がり、陸地のあちこちが沈んで溺れ谷ができ、格好の漁場になっていったようです。[※同]

イノシシ、シカ、あるいはタヌキ、ウサギなど中型の野生動物はハンティングの対象になりましたし、海沿いで多数の貝塚が出土しているように、豊富な魚介類を採ることができました。

つまり、木の実を貯蔵したり、獣肉や魚介類などと一緒に煮炊きし、調理したりすることにも土器は役立てられました。とりわけ木の実に含まれる糖質(でんぷん)は、加熱によって消化されやすくなります。

土器は豊かな自然の恵みの象徴でもあったのです。

農耕が始まる前の社会は、狩猟採集の時代と言われていますが、土器に象徴される縄文時代は、採集の比重が高かったかもしれません。

採集する木の実は、動物と違って動き回りませんから、生活スタイルも移動型から定住型に変化していきます。

つまり、定住型で食べ物は植物性が中心——それが大型動物のハンティングから解放された彼らの新しい生活だったと考えられます。

事実、発掘調査で出土した土器の底などを調べると、わずかに炭水化物が残されていますが、解析の結果、その多くは木の実（堅果類）などの植物であったことがわかっています。[※]

また、同じく出土した縄文人の骨に含まれるコラーゲンの組成を分析すると、6～7割は植物由来になるといいます。[※同]

穀類については、稲作も含め、簡単な栽培が始まっていたと考えられていますし、山芋や里芋などの芋類も食べられていたようです。肉や魚も食べてはいましたが、かなりの割合で植物に依存していたのでしょう。

植物食から肉食へ食性を変えることで脳を大きくし進化した……人類誕生のエピソードを思い出してください。

その後、生まれ故郷のアフリカを離れ、グレートジャーニーと呼ばれる長い長い旅を続け、その一部が日本列島にたどり着き……図らずも植物食主体の生活に回帰することになりました。

※ 南川雅男『炭素・窒素同位体に基づく古代人の食生態の復元』（クバプロ『新しい研究法は考古学になにをもたらしたか』所収）

縄文式土器と植物のつながり

井戸尻考古館（長野県諏訪郡富士見町）所蔵。

以来、極東のアジールでは植物食主体の生活が近代にいたるまで続くことになり、日本食のベースを形作ります。

肉は多く食さず、植物と魚に頼る……列島特有の食生活は、大陸には見られないユニークなメンタリティを作っていきました。

こうしたライフスタイルは、旧来のハンティング主体の生活とのちにやってくる農耕や牧畜主体の生活、そのどちらにも属さないことから、「オーク文明」などと呼ばれることもあります。

オークはドングリ（ナラやカシの木の実）などが実る木を指しますから、さしずめドングリ文明。

世界的には、ヨーロッパ、西アジア、北米、東アジア、東南アジアなどに広まり、一定の生活圏を築いていたと言われています。その多くは小麦や米の栽培に取って代わられますが、「あまり働かないでも食べられる」という点で最も理想的な生活だったかもしれません。

考古学者の小山修三（こやましゅうぞう）さんは、ドングリの採取を中心にした縄文人の食文化の効率の良さについて次のように言及しています。

「粒が大きく採集しやすいクヌギの例をとると、なりのよい木の直下では、1平方メートルあたりほぼ150グラムのドングリが採集できます。これを反（一反は300坪＝約993平方メートル）になおすと、一反150キロの生産量になります。ちなみに米の生産量は一反あたり178キロといわれているので、両者にあまり差がないことがわかります。ドングリは思いのほか生産量が高い作物なのです。

しかもコメづくりは、田植えから収穫まで、毎日汗水たらして働かなければなりませんが、ドングリはほったらかしにしておいても、勝手に実がなってくれるという利点があります。しかも収穫にかかる労働時間はずいぶん短くてすみます。（中略）みんなが一週間ほど山に出て働けば、一年分の主食がたくわえられてしまうのです※」


コメを食べ慣れている現代人にすれば、「ドングリが主食になるのか？　あまり美味しくないのでは？」と思うかもしれません。

ただ、きちんとアク抜きし、中身をすりつぶしてダンゴにし煮たり焼いたりして加熱すれば、十分食用になります。

※ 小山修三『美と楽の縄文人』（扶桑社）

ドングリの種類

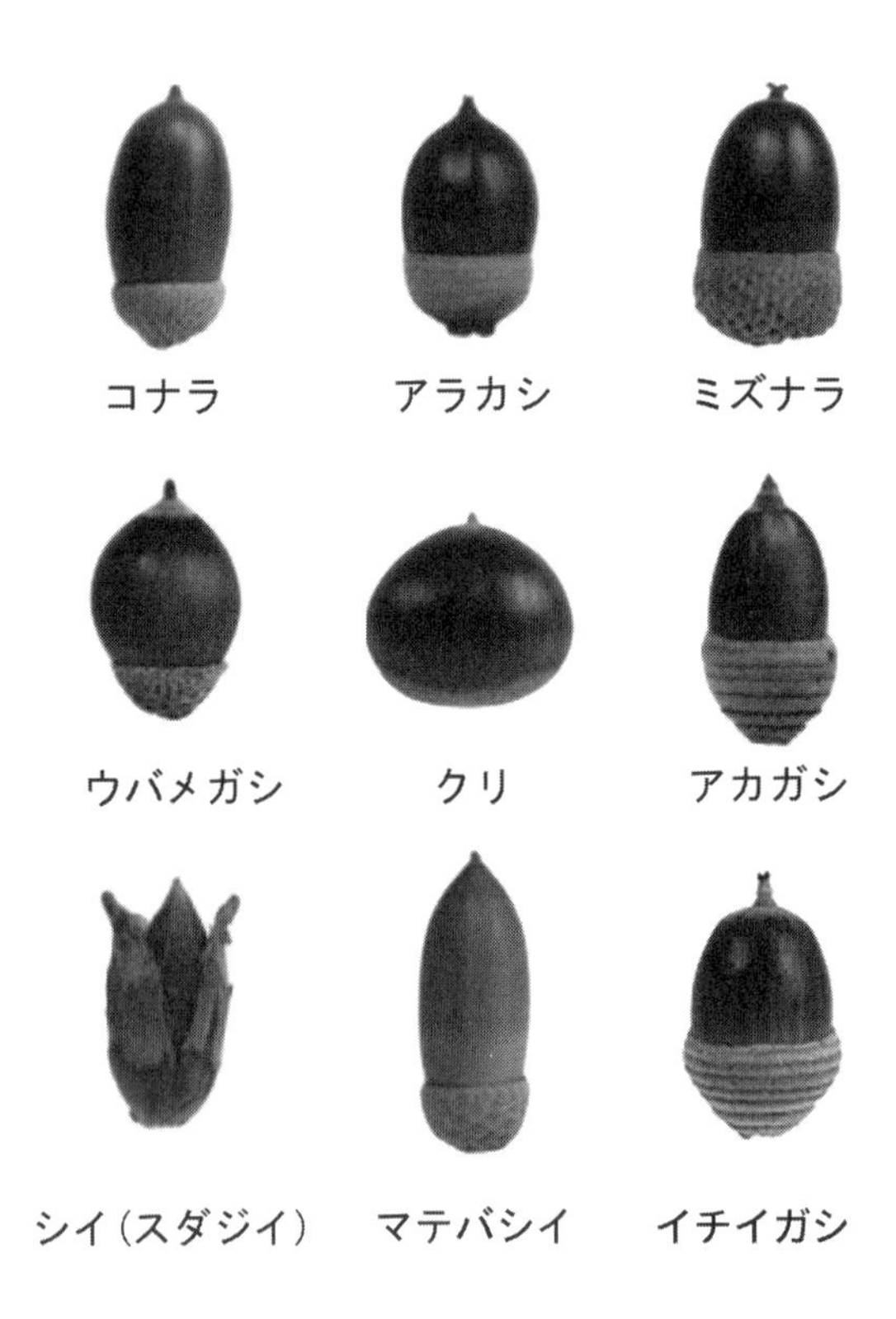

吉野・大峰フィールドノート Website「どんぐりを見分ける」をもとに作成。

100グラムあたり252キロカロリーと、熱量はコメ（精白米のごはんで168キロカロリー）を上回りますし、[※1]これに草の実、山菜、肉、魚をまぜることで、味や栄養を充実させていたようです。

実際、温暖化のピークであった縄文前期（7000〜5500年前）あたりから、遺跡でドングリが数多く出土するようになります。ドングリだけでなく、クリやクルミが見つかることも珍しくありません。

わざわざ農耕を始めなくても十分に生活ができたため、ドングリベースの食文化が数千年にわたって続いたのです。

「ドングリは栄養たっぷりで、手に入れやすく、貯蔵も簡単だった。調理の手順で面倒なのはアク抜きだけだった。ドングリの実はタンニンなどの渋み成分の含有率が高いため、食べやすくするには、実を粉に挽いて水洗いする作業が欠かせなかったのである。ドングリが見つかっている文化はすべて、そのための技術を持っていた」[※2]

ちなみに、縄文中期の代表的な集落として知られる青森の三内丸山遺跡では、ク

※1 コメは水稲・精白米の場合。クリ（ゆで）は167キロカロリー、クルミは674キロカロリー。日本食品標準成分表（文部科学省）より。

※2 ウィリアム・ブライアント・ローガン著、山下篤子訳『ドングリと文明』（日経BP社）

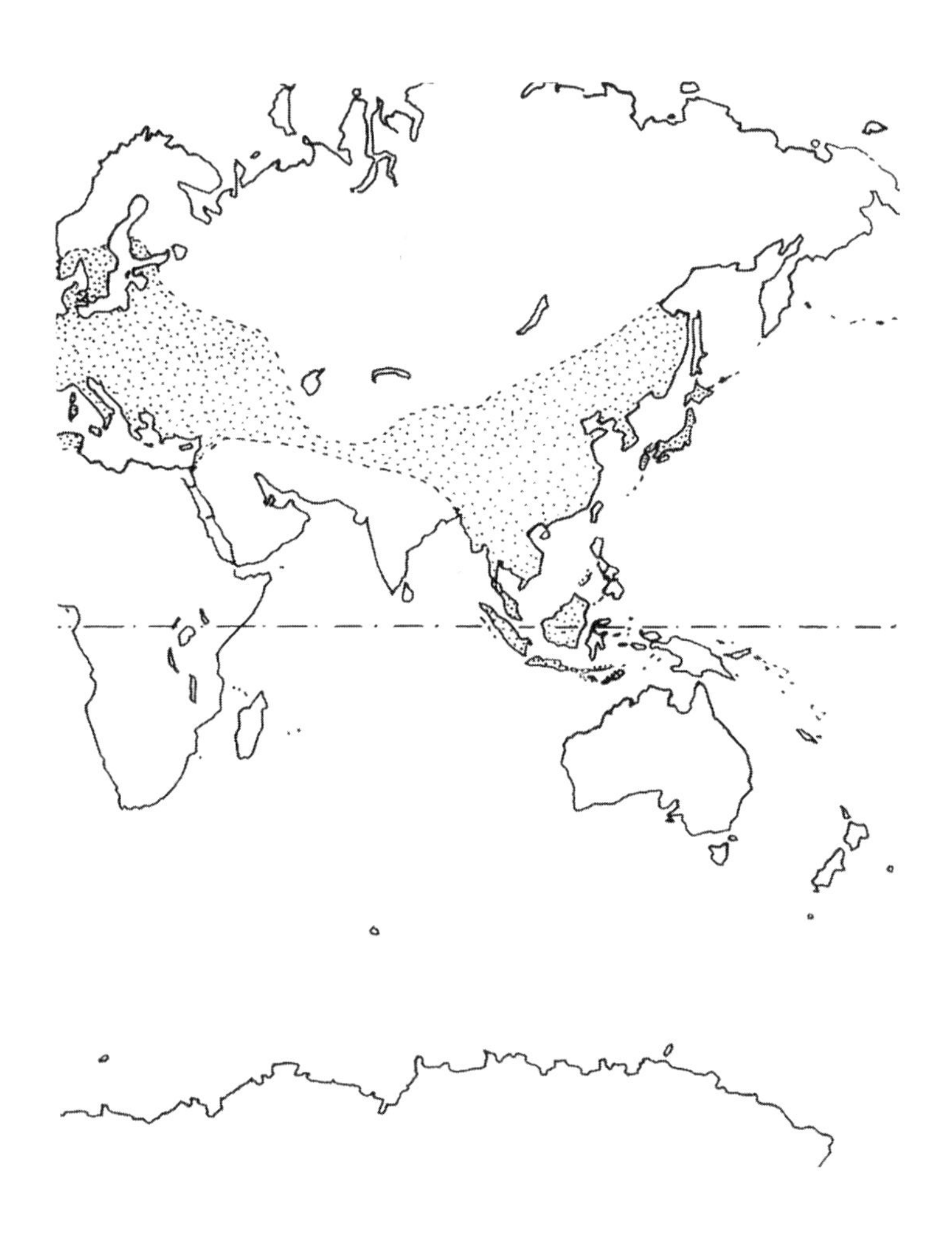

ウィリアム・ブライアント・ローガン著、山下篤子訳『ドングリと文明』（日経 BP 社）より

世界のオークの分布図

リの木の栽培がさかんでした。

アク抜きの必要がないクリやクルミは、ドングリ食が始まる以前から各地で食されてきましたが、こと三内丸山遺跡ではクリに依存する割合がとても多かったようです。栽培した痕跡もあり、最盛期には５００人にも及んだという巨大集落を養うのに欠かせない食材でした。

また、ヒエの栽培もさかんでした。後世、コメの陰に隠れてしまいますが、栄養価に優れていたヒエは、東日本を中心に、その後の日本社会でも隠れた主食として影響力を持ち続けます。豆類のなかでは、大豆や小豆の栽培が縄文前～中期には始まったと考えられています※。

こうした木の実や穀類だけではタンパク質が不足しますが、タンパク源は小動物や魚介類によって補ってきました。四方を海に囲まれた日本列島が、豊穣な漁場であったことは言うまでもありません。

縄文の一万年は豊かさの記憶と言ってよく、それは生きる糧である食を通して後世に受け継がれていきました。

＊

※工藤雄一郎・国立歴史民俗博物館・編『ここまでわかった！ 縄文人の植物利用』（新泉社）。左図も同書をもとに作成。

縄文人の植物利用

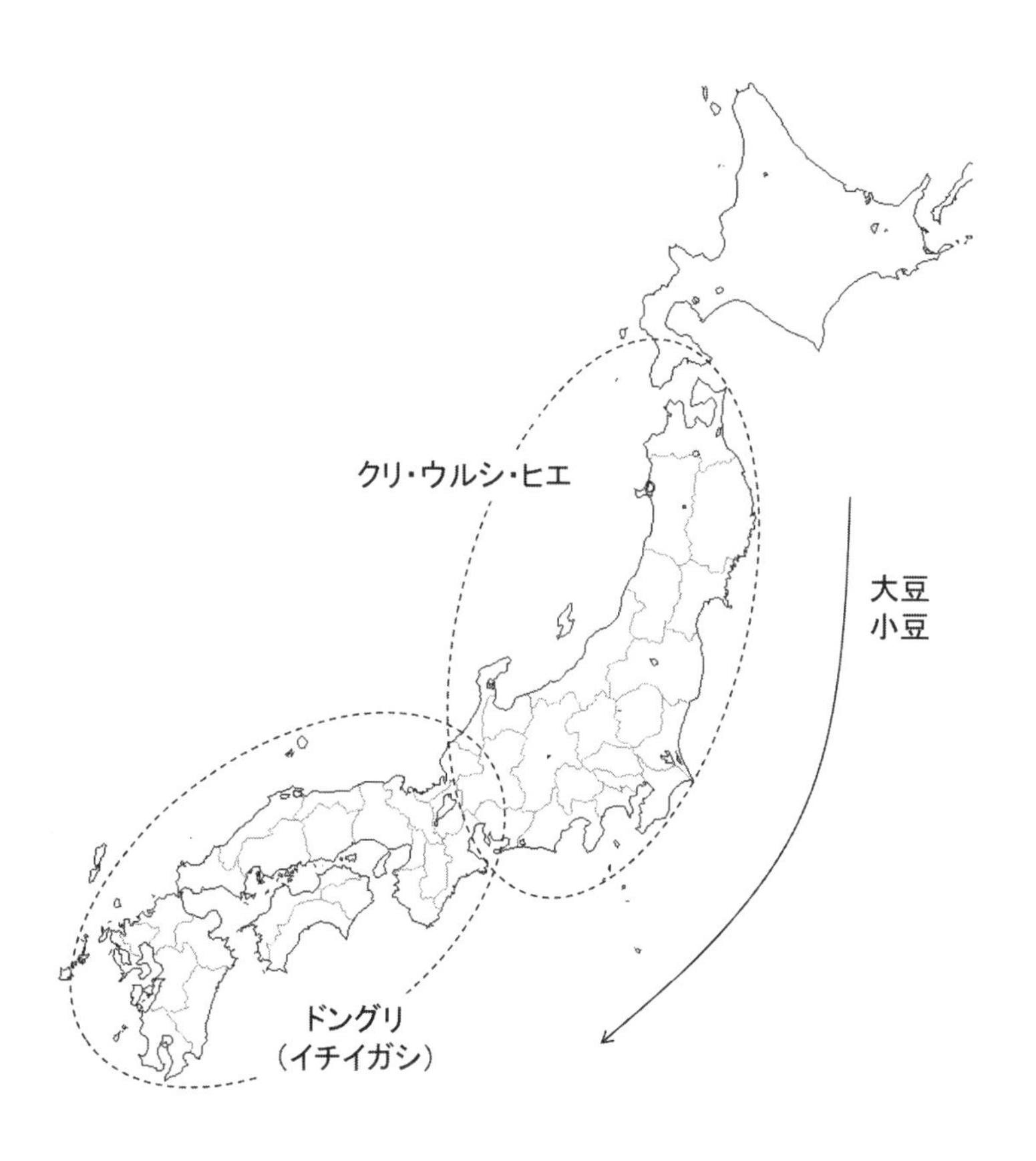

縄文時代、東日本の人々はクリ、ウルシ、ヒエを、西日本の人々はイチイガシ（ドングリの一種）を利用する傾向にあった。また、東日本を中心に栽培されていた大豆や小豆が、縄文末期には西日本一帯にも広がっていった。

前述の小山さんは、オーストラリアの原住民であるアボリジニの生活を調査し、いにしえの縄文人の生活を類推しています。

アボリジニといえど文明の恩恵を受けていますから、完全には重ねられませんが、「同じ狩猟採集経済という条件のなかで生じてくる技術や知識、集団の大きさ、人口密度、社会組織、心理や信仰などには共通した規則性があるはずである」と小山さんは考えます。※

たとえば、テレビなどでこうしたプリミティブな生活を見ていると、原住民は結構ヒマそうにしているでしょう。

それは前述したように、労働時間があまり多くないからです。

狩りをして食事の準備をし、お腹が満たされると、あとは仲間とおしゃべりをしたり、ボーッとしたり……食糧さえ確保できれば、人はそれで十分しあわせに生きられるのかもしれません。

「狩猟採集社会の人びとは短期間激しく働くことはあっても、全体としては遊びの時間が多いという事実は、砂漠や極北などの苛酷な環境下にあるブッシュマンやエ

※ 小山修三『縄文学への道』(日本放送出版協会)

スキモーなどの民族例でも知られることである。まして、温帯の恵まれた自然のなかの縄文人は、わたしたちの想像以上に豊かでのんびりとした生活を楽しむことができただろう」※同

こうした時間が当たり前だったら、皆さんは何をするでしょうか？　アボリジニについては、次のような報告もあります。

「実際の食料探しのほかに、男なら狩りの道具の手入れ、女なら料理の時間をふくめても、成人男子は1日平均3時間50分、成人女子は3時間44分をさけば、家族を養うことができた。（中略）

他の狩猟採集民についても同様の調査報告がある。（中略）実に未開人は、人類史上最も余暇に恵まれた人たちであったのだ」※

農耕によって働く時間が増え、なおかつ争いも増えたのだとしたら、文明そのものがストレスの温床ということになります。

文明化によってもたらされた利便性、快適さもありますが、狩猟採集型の縄文社

※ 寒川恒夫・編『図説スポーツ史』（朝倉書店）

会が長く続いた日本列島が、ストレスにさらされる機会がとても少ない環境だったことは確かでしょう。

その分、しあわせを感じる時間が多かったかもしれません。

アボリジニは、その時間を太古の神話と重ね合わせ、自分たちの祖先がしあわせに生きてきた痕跡を親から子へと伝承してきました。

たとえば、オーストラリア中央部に暮らす砂漠の民・ピチャンチャチャラは、それを「チュクルパ」と呼んでいました。


「チュクルパの記録は、山、川、池、木や石に刻まれた特殊な模様であることもある。そういうものを通して、祖先が今も人々に語りかけているのである。（中略）画家は絵を指して『チュクルパだ』と言うし、誰かが、儀礼のために不在になったときは、彼の親族は、『彼はチュクルパに行ってしまった』という言い方で、それを表現したりする」※

チュクルパの実態はなかなかイメージしにくいところがありますが、英語圏ではシンプルに「ドリーミング」と訳されています。

※ ジェニファ・アイザックス『精霊たちのふるさと』（現代企画室『アボリジニ現代美術展～精霊たちのふるさと』所収）

夢の世界は時間があるようでなく、過去も未来も渾然一体となっています。そこでは祖先も生き続け、いまこの瞬間のなかに同期しています。

そう、意識の領域では時間は必ずしも直線的なものではなく、量子力学が語るような、過去・現在・未来が同時に存在する「多世界」が当たり前に広がっています。夢と現実（うつつ）の境界が曖昧だった彼らは、その境界を行き来しながら、日常的に異界と交流していたのかもしれません。

こうしたドリーミング＝チュクルパの世界は、独自の造形表現、ペインティングに彩られたアボリジニ・アートとして結実しています。食べて生きる先には、こうしたアートの世界が広がっていたのです。

縄文人も、使用していた土器のユニークな造形からもわかるように、おそらく同じ時間感覚のなかで生きていたでしょう。

日本人は勤勉だと言われていますが、農耕以前の長い歴史のなかではこうした無為の時間を過ごしてきたのです。

＊

現代に再現されたアボリジニアート（豪クイーンズランド・ジャプカイアボリジニ文化公園）

ここで、ヒトと植物の関わりについて考えてみましょう。

植物は光合成ができるため、日光と空気、水などがあれば生長できます。動物のように食べるために旅する必要はなく、大地に根を下ろし、種を実らせていくことで子孫は自然と増えていきます。

光合成は大気中の二酸化炭素を取り込み、酸素を排出するため、植物が自生する場所には酸素が生じます。

植物にとって酸素は排泄物ですが、動物はその酸素がなければ生きられないため、植物に従属しなければなりません。生物学で植物が独立栄養、動物が従属栄養と呼ばれるのはそれゆえです。

また、動物にとって植物は食べる対象でもあります。光合成によって養分（でんぷん）がつくりだされますが、これは栄養学でいう糖質にあたり、動物にとって必要なエネルギー源になります。

野菜や果物で言えば、根や実、茎などの部分にあたります。

酸素しかり、糖質しかり……動物は、植物が生きるためにつくりだしたエネルギーを拝借して自らの生命を維持しているわけです。呼吸と食事の原点もここにあることがわかるでしょう。

酸素は息を吸えば取り込めますが、食に関しては自ら探し、ほかの生き物を殺めなくてはなりません。

アフリカの森を追われた人類は、主に動物を食べることで生きながらえてきましたが、同じ食べ物でも、植物は動き回らないので獲得は容易です。木の実であれば、なっているものを採るだけです。

彼らはハンターでもありましたが、居住するエリアの森林資源が豊かであればその依存度は減っていきます。植物への依存度が高まるほど暮らしは楽になり、食の多様性が生まれます。

豊かさのカギは植物が握っている、とも言えるのです。

ヒトは何を食べたら健康でいられるのか？

古くからこうした議論がありますが、ここでは少し視野を広げ、生理的な感覚に即した話を進めていきましょう。

植物からもたらされる豊かさには、神経系が深く関わっています。

動物にあって植物にないもの、それが神経です。動き回る動物にとって外部の刺激に反応し、行動につなげる回路＝神経系が不可欠であるということですが、そう

自然と生き物のつながり

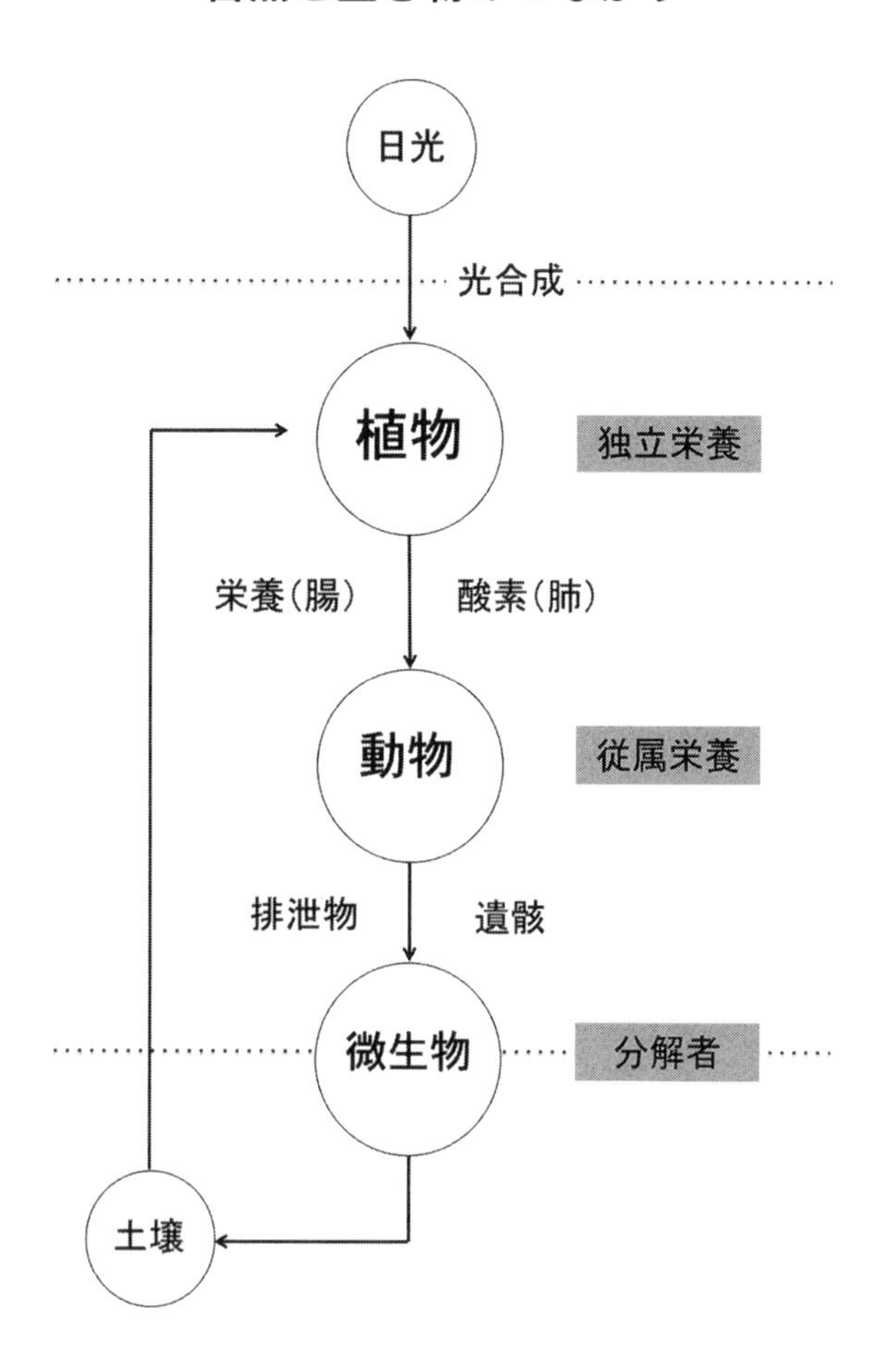

やってありつけた食をエネルギーに変えていくには、内部の臓器を動かす神経系も必要になります。

神経系は、体性神経と自律神経に大きく分けられます。

このうち、感じて動くのに必要なのが体性神経で、感覚神経と運動神経にさらに分かれています。これに対して、内蔵臓器を動かすのは自律神経と呼ばれ、こちらは交感神経と副交感神経に分けられます。

動物は体性神経が働くことで行動が生み出されますが、その際、身体の内部で交感神経が連動し、体温や血圧、血糖を上げることで外敵に立ち向かうための臨戦態勢がつくりだされます※。

そして、動き回った後は副交感神経に切り替わり、血圧や血糖が下がることで心身は落ち着きを取り戻します。食事にありつけた場合、消化の過程で副交感神経が働くため、安らぎはさらに深くなるでしょう。

こうした安らぎには、もちろん、呼吸器も関わってきます。

心が安らぐ状態は、ゆったりと呼吸ができている状態でもあります。呼吸がゆっくりできている状態と、腸が食べ物を消化できている状態はともに生きる基本であり、連動していると言っていいでしょう。

※ 安保徹『人が病気になるたった2つの原因～低酸素・低体温の体質を変えて健康長寿!』(講談社)

酸素があること、でんぷんを摂取すること、どちらも植物によって成り立っていることを思い出してください。

食べて呼吸をするだけでもその恩恵は得られますが、森のような植物に囲まれた場所は「栄養補給」にうってつけです。自律神経から見た場合、生存に最も適した場所と言っていいかもしれません

食べて、呼吸して、安らぐ……動物が植物と出会うことは、心地よく生きるための土台に接続されていくのです。

＊

1万年にわたって続いた森の暮らしが、心地よく生きられる、とても恵まれた環境であったことが見えてきたでしょう。

その後の日本人のメンタリティに大きな影響を与えたことは間違いありませんが、世界史を俯瞰した場合、それは限定的なものです。人類のすべてがその恩恵にあずかっていたとは言えないからです。

農耕を早い段階で始めた地域は、長時間の労働によって、植物の恩恵を生み出さ

消化管系と神経系のつながり

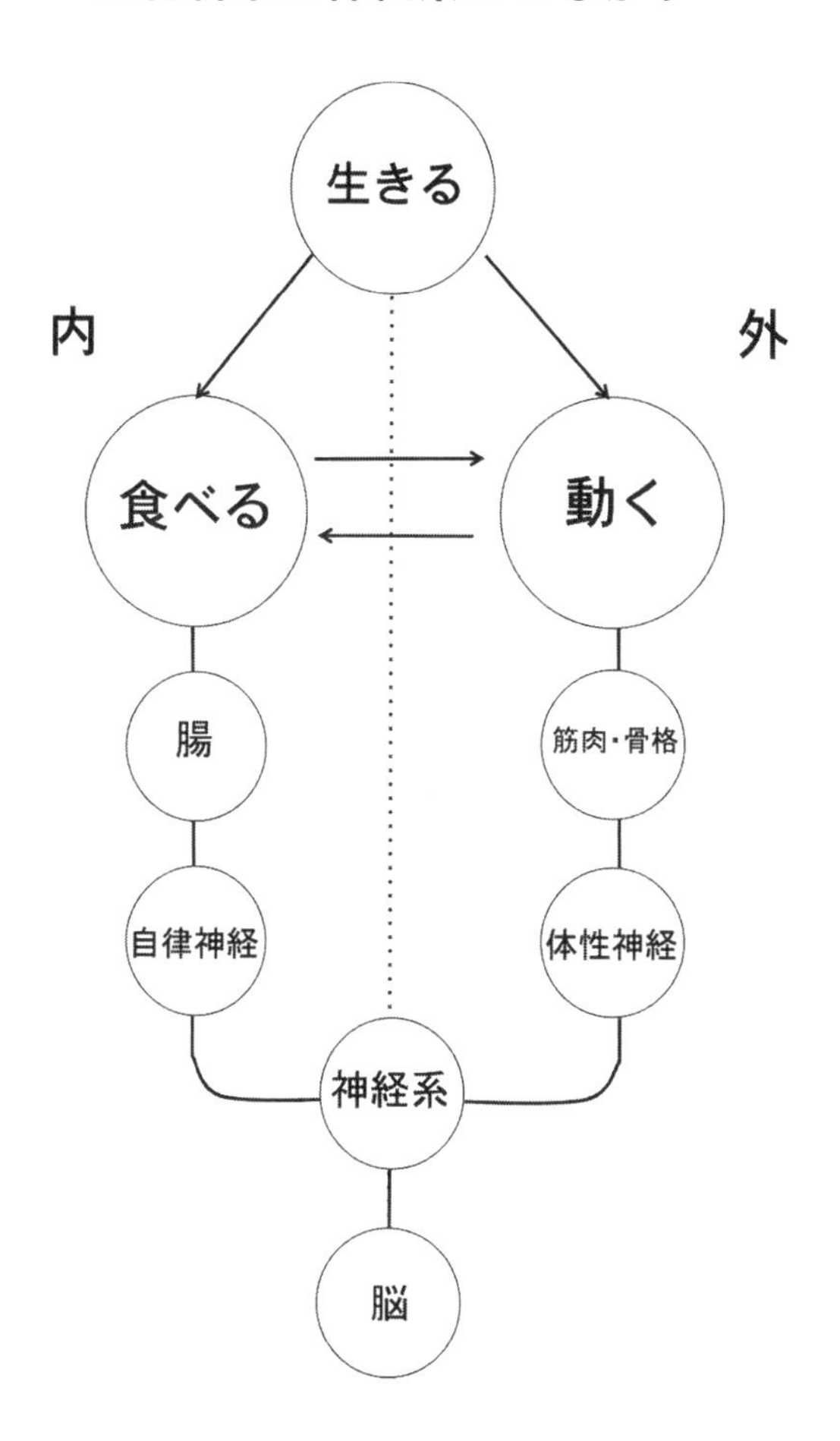

なくてはならなくなりました。

エジプトやメソポタミアなど四大文明と呼ばれるエリアは、長時間労働をせざるをえない土地であり、それゆえさまざまな知恵や技術を生み出し、規模の大きなコミュニティを築いてきました。

いわば、恵まれていなかった分を知恵で補ってきたわけです。

前述のアボリジニにしても、乾燥した砂漠のような土地で暮らしていたため、ハンティングを中心にした生活を続けてきました。

北米のネイティブアメリカン、中南米、南米のインディオも、乾燥した土地でしたから、5000年ほど前から主食となるトウモロコシ、インゲン、ジャガイモなどを栽培するようになりました。

数ある先住民の暮らしは、自然に寄り添ったプリミティブな点では重なり合うものがありますが、植物に守られていた縄文人の暮らしは、その恩恵をとりわけ受けていたように映ります。

その後の歴史についても対照的と言わざるをえません。

たとえばアボリジニの場合、18世紀の後半、突如侵入してきたイギリス人によって平和な暮らしが壊され、１００万の人口が短期間で10万人弱にまで激減してしまう虐殺を受けました。

イギリス人は、アボリジニを同じ人と見なさず、野生のディンゴと同じように次々と撃ち殺していったといいます。

ヨーロッパ人における同様の侵略は、大航海時代と言われた15世紀以降、アフリカ、南北アメリカ、東南アジアなど、世界の各地で繰り返されました。北米のネイティブアメリカン、中南米のマヤ、南米のインカの文明も同じように破壊され、いまではその残滓をとどめるのみです。

文化の異なる者どうしが交わり、摩擦が生じることは避けては通れないプロセスと言えますが、あまり褒められた話ではありません。その後遺症はいまも癒えずに様々な形で残っているでしょう。

もちろん日本列島でも、古来、海の向こうから数え切れないほどの渡来民がやってきて、土着の人たちと混血していきました。

縄文人を土着系と呼んだ場合、稲作技術を携えてやってきた人たちは広い意味で渡来系であり、稲作にまつわる儀礼の多くを受け継ぐ天皇家は、おそらくその有力なグループの一つだったのでしょう。

わかっていないことも多いですが、彼らは畿内の大和に拠点を置き、東へ東へと勢力を広げながら、古くから土着していたグループを制圧し、7世紀には日本という国家が確立されていきます。

その過程には同じような侵略行為もあったはずですが、そこまではひどくなかったのかもしれません。一つの事実として、日本列島にはいまもなお、世界でも珍しい遺伝的多様性が残されているからです。

異なる文化が混じり合い、どちらかがどちらかを呑み込むのではなく、別の何かに生まれ変わること。

その結びつきを、ここでは「融合」と呼びましょう。

日本の歴史に他の先住民の文化と異なる特徴があるとしたら、この融合の繰り返しの中で育まれてきたという点です。

日本列島がアジールたるゆえんもそこにあります。そこは避難場所であると同時に、稀有な融合空間であったかもしれないのです。

「ラクして生きられる環境」でありながら、大陸の文明さえ取り込み、いつの間にか自分たちのスタイルに作り替えてしまう。そうした日本列島特有の化学変化は、どのように生じたのでしょうか？

それは風土のなかで自ずとできあがっていったものではありますが、縄文時代が始まって以来、すでに1万5000年ほどの経験がストックされています。縄文の森も大きく変質してしまいましたが、祖先から受け継がれた記憶はいまもわれわれの身体に残っているでしょう。

ここまで欧米化、グローバル化してしまった現代でも、果たしてその記憶や経験は通用するものなのか？

通用してほしいですが、それは自分たちの特性をどこまで呼び起こせるかにかかっているかもしれません。

いまわれわれに必要なのは、埋もれている遺伝子を発現させる……まさに「汝自身を知れ」ということです。汝自身を知るため、これからしばらく発想転換のトレーニングをしていきましょう。

COLUMN 2
縄文人・意外と長生きで健康だった説

縄文人は短命だったと語られることが多いですが、いまわかっている事実を重ねていくと、どうも話の筋道が合わないところが出てきます。一つ一つ順を追って考えてみましょう。

まず短命の理由ですが、一般的には感染症が挙げられます。

人類の歴史は感染症との戦いの歴史といっても過言ではなく、古今東西、天然痘、コレラ、チフス、梅毒、結核、麻疹（はしか）、スペイン風邪（インフルエンザ）、新型コロナウイルス感染症にいたるまで、さまざまな種類の菌、ウイルスが猛威を奮い、ときに歴史すら動かしてきました。

ただ注意しなければならないのは、感染源の多くは「農業や牧畜の発明によって定住化し過密な集落が発達し、人同士あるいは人と家畜が密接に暮らすようになってから[※]」広まったという点です。

縄文時代、まだ人口は少なく、規模の大きな農耕は確認されていません。また、

※ 石弘之『感染症の歴史〜人類と病気の果てしない戦い』（洋泉社）

海を挟んで異文化の流入はゆるやかで、その1万年あまりの期間、大陸から半ば隔離されたような環境にあったと考えられています。

こうした状況を重ね合わせると感染症のリスクは平均的に少なかったはずで、死亡原因の上位に挙げるのは難しくなります。

また、貧困な食生活が短命の原因に挙げられることもありますが、縄文人の食は決して貧しかったわけではありません。

厳しい自然環境で暮らしていたわけでもなく、争いが少なく、現代人のようにストレス過多ではなかったでしょう。

豊かなのに短命というのは、ちょっと矛盾しています。

平均寿命が30歳前後、10代で亡くなることも稀でなかったという通説は[※]、ちょっと言い過ぎではと思うのです。

気になるのは出産時のリスクで、不衛生な環境下での自然出産では、乳幼児の死亡率は確かに多かったかもしれません。平均寿命を下げる最大のネックは、おそらくここにあったはずです。

ただ、それを差し引いても平均寿命30歳というのはどうなのでしょう？

※ 小林和正『出土人骨による日本縄文時代人の寿命の推定』（「人口問題研究 No.102,1967」所収）

通常、縄文人の死亡年齢は出土した骨の腸骨（恥骨結合面）などを使って調べられていますが、同じ腸骨でも高齢になって残りやすい耳状面を対象に、新たな統計法（ベイズ推定）で調べた研究結果があります。

これによると、「15歳以上の個体の中で65歳以上の個体が占める割合が32・5％、15歳時点での平均余命は31・5歳[※]」と、思いのほか長生きだったという結果が得られました。

まだ十分に研究が進んでいるとは言えませんが、幼児期の死亡リスクをクリアーさえすれば高齢まで生き延びる人も一定数いて、しかも現代人以上に壮健であった可能性は十分にあります。

むしろ、平均的な健康レベルは現代人のほうが低いかもしれません。

乳幼児で亡くなるケースは激減しましたが、それは整った医療と環境インフラによって、「本来ならば死んでしまう生命力の弱い人が生き永らえている」とも言えるからです。

しかも、その「弱った生命体」が活動する場は、大気が汚れ、自然から隔離された人工的な空間です。

そのなかで過剰に働くため、生活リズム、食生活は乱れ、古代人とは違った意味

※ 長岡朋人『縄文時代人骨の古人口学的研究』（『考古学ジャーナル 606,2010』所収）

でのストレスにさいなまれています。医療技術によって延命できている現実をふまえても、生存環境に恵まれていた縄文人よりも健康だというのは、ちょっと乱暴すぎるでしょう。

とはいえ、案外と長生きで、かなり元気だった縄文人も、やがて時代のなかで渡来系の人たちにイニシアチブを握られるようになります。

以下、興味深いエピソードを一つ紹介します。

医学博士の藤田紘一郎（ふじたこういちろう）さんは、最近では腸内細菌に関する研究で知られますが、もともと寄生虫が専門分野で、若い頃にフィラリアという線虫が原因で起こる感染症の調査をしていました※。

このフィラリアの感染者の多い地域は、九州や沖縄、東北の一部、海岸や離島のような辺境で、研究が進む過程で成人Ｔ細胞白血病（ＡＴＬ）の発症分布と重なっていることがわかりました。

ＡＴＬは、白血球の一つであるＴ細胞にウイルスが感染し、ガン化することで発症する、いわば血液のガンです。

このＡＴＬから病原ウイルスを分離させ、感染症であることを証明したウイルス

※ 藤田紘一郎『バカな研究を嗤うな～寄生虫博士の90%おかしな人生力』（技術評論社）

時代区分	人口(人)
縄文早期(12000～7000年前)	20100
前期(7000～5500年前)	105500
中期(5500～4500年前)	261300
後期(4500～3300年前)	160300
晩期(3300～2800年前)	75800
弥生時代(2800～3世紀頃)	594900
古墳時代(3～7世紀頃)	5399800

学の日沼頼夫(ひぬまよりお)さんは、ATLの発症分布をふまえながら、日本列島では縄文人がキャリアであったと推論しています。[※1]

感染経路はもとより、どの程度の規模で蔓延したのかわかっていませんが、コンピューターを使ったシミュレーションによると、縄文後期(4500~3300年前)に16万だった人口が、晩期(3300~2800年前)に7万人台に減っています。[※2]

人口が半数以下に減ってしまうというのは、なかなか尋常ではありません。しかも、弥生時代に入ると一気に60万人近くに増えているのです。

弥生人が渡来することで、当然、混血も進んだはずですが、イニシアチブを握ったのはATLノンキャリアの弥生系であり、縄文系の人たちが優位に立つ状況ではなかったでしょう。

こうして見ていくと、縄文時代終焉の要因には、気候変動による食性の変化だけ

※1 日沼頼夫『ウイルスから日本人の起源を探る』(『日農医誌46巻6号』所収)

※2 小山修三・杉藤重信『縄文人口シミュレーション』(国立民族学博物館研究報告)

でなく、ウイルスが関わっていた可能性が十分に考えられます※。

なぜ縄文人だけがキャリアだったのか？　その理由もよくわかってはいませんが、日本列島の歴史の次のステージを用意する新たな主役として、稲作技術を携えた渡来民が選ばれたのでしょう。

奇妙な言い方に聞こえるかもしれませんが、感染症が歴史を動かしてきたことは決して珍しいことではありません。

以後、日本の歴史はコメをベースに進んでいくことになります。

※ 栗木慎一郎『パンツを捨てるサル～「快感」は、ヒトをどこへ連れていくのか』（光文社）

3 和と太陽の国

旅に出るということは横軸（空間軸）の移動ばかりでなく、縦軸（時間軸）の移動、つまり過去へ過去へとさかのぼることでもあります。

どちらにしてもそこは異次元です。われわれはつい現在の感覚で過去を知ろうとしますが、過去が異次元であったことが少しでも実感できれば、それこそ旅と言えるかもしれません。

われわれは、自分のことも、この世界のことも何もわかっていません。

歴史についてもそうです。経験を積み重ねても、それだけではわからないものにどうアプローチすればいいでしょうか？

たとえば、古代の人にとって、生きていくことは自然の営みを感じ、その法則性を信じることにつながっていました。

自然界の法則性は天体の運行に表れ、季節の移り変わり、植物の生長、月の満ち欠けなどを通じて体感できます。

日本列島で暮らすようになった人たちは、そうした森羅万象の移ろいのなかでも、天空に浮かぶ太陽にとりわけシンパシーを抱いてきました。それは「太陽信仰」と呼ばれていますが、そのルーツは古く、縄文時代にまでさかのぼれる可能性は十分にあります。

あるとき、思いがけないところにそのヒントがあることを知りました。

時代は少々後になりますが、『日本書紀』にある成務（せいむ）天皇の事績にふれた一節に次のようなくだりがあります。

「山河を境として国県（くにあがた）を分け、たてよこの道にしたがって邑里（むら）を定めた。こうして東西を日の縦とし、南北を日の横とした※」

系図上、成務天皇は第13代天皇にあたり、有名な日本武尊（やまとたけるのみこと）の弟ということになっています。生年没はハッキリしていませんが、活躍したのは日本に国としてのまとまりが生まれつつある頃だったでしょう。

ただ、ここで注目したいのは、その事跡ではなく「東西を日の縦とし、南北を日の横とした」と書かれた箇所です。

方位と縦横の観念が、現代と逆になっていることに気づかれるはずです。この記

※『日本書紀』巻第七（景行天皇〜成務天皇）より（訳文は『日本書紀（上）全現代語訳』宇治谷孟・訳／講談社から引用）

述が正しいとするならば、少なくとも古代の日本では、東西のラインを「縦」と認識していたことになります。

南北を「縦」とする基準は、ご存知のように、どの季節に見上げても同じ位置に輝いている、北極星という天体にあります。

天の不動の一点から大地へと続く、一本のタテのライン。この見えないラインが方位の基準にされてきたわけですが、無重力である宇宙空間に、本来、方位など存在はしません。

あまりに常識すぎて自覚されていませんが、北が上にあるという定義も、北極星という基準があって初めて成り立つものです。

この基準が北極星ではなく、太陽だったらどうでしょうか？

そう、縦と横の概念が変わることになります。東西南北の位置づけが一変するわけですから、自然のとらえ方も、ものの見方も大きく変わり、文字通りのパラダイムシフトが起こるでしょう。

このふしぎな問いかけを残してくれたのは、美術評論家で杉野女子大学の教授を

「太陽のライン」と「北極星のライン」

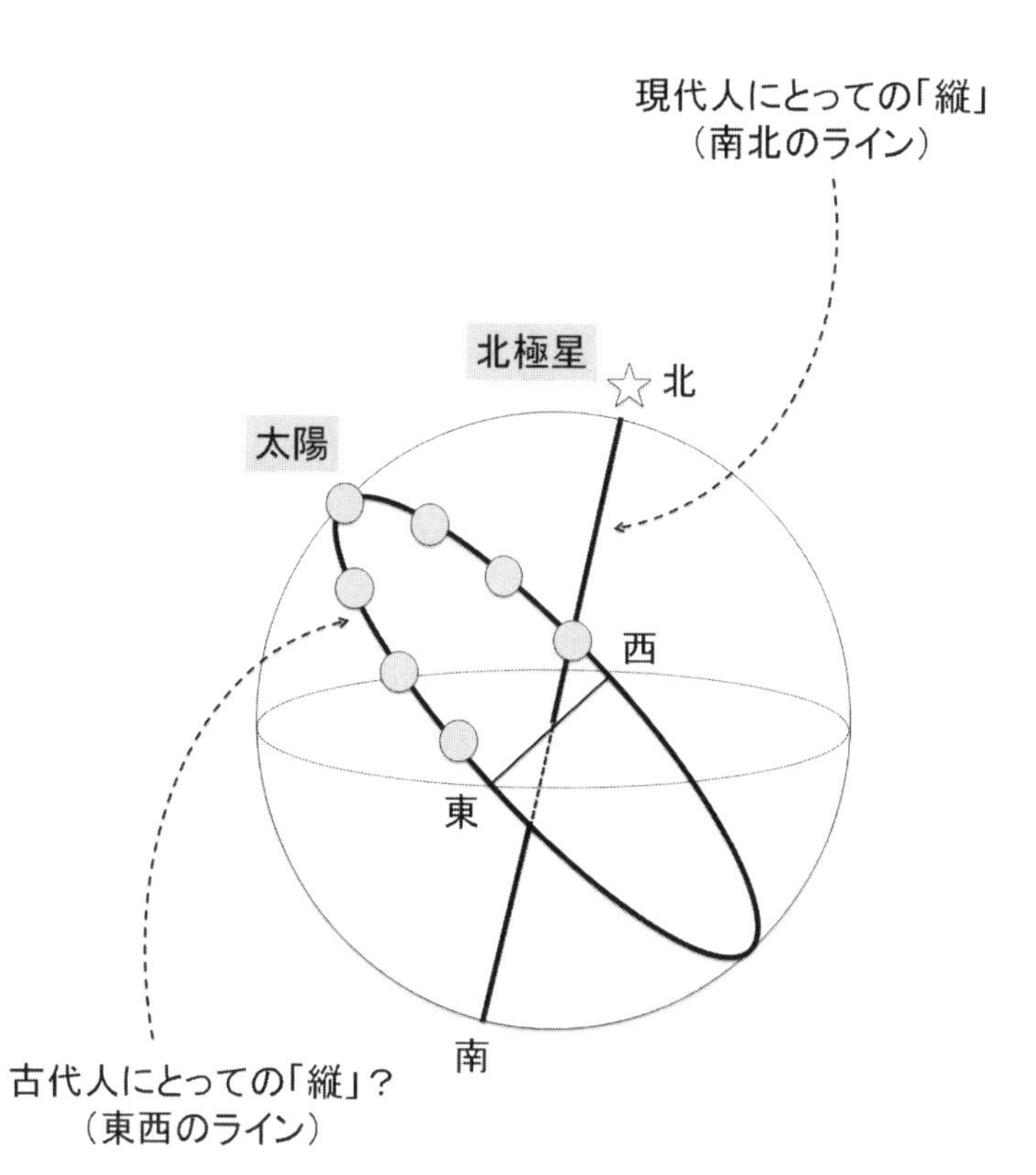

されていた吉村貞司（よしむらていじ）さんです。

古代史に通暁していた吉村さんは、「縦」という文字に注目しています。

辞書を引くと「ほしいまま」「思いのまま」といった意味が出てきますが、それは一般に連想されるタテ（上から下へ伸びる一本のライン）のイメージとは明らかに異なっています。

じつは漢字を発明した中国人は、上から下へ伸びる基準に対して縦ではなく「経」という文字を用いてきました。

「経」は、機織りで使うタテ糸を意味します。タテ糸は布を織る際の基本であることから、転じて物事の道理、一定不変の法則といった意味につながり、経文、経典などの語にも用いられてきました。

それこそが、一般に思われているタテでしょう。

タテは訓読みですから、古代の日本人が方位を定める際の基準をタテと呼んでいたことは想像できますが、中国から伝わってきた漢字を当てはめた時、「縦」の意味がフィットしていた。

つまり、彼らにとっては「ほしいまま」「思いのまま」の感覚こそが「物事の道理、基準」だったということです。

「縦＝ほしいまま」が基準になると、現実はどう変わるのでしょう？

東から昇り西へ沈む太陽は、不動の北極星と違って、毎日、昇ってくる場所も沈む場所も違ってきます。

季節によって移ろうその動きは、まさに自然のありようそのもの。縦という文字が持つほしいままのイメージと見事に重なり合ってきます。吉村さんは、この点をふまえ次のように語ります。

「北極星はその場をはなれず、はなれないことによって秩序を形成する。ところが太陽は空にあっても、時々刻々、絶えず動いてとどまらない。日出も毎日場所が変るし、日没もまた同じである。（中略）
北極星は静止であり、死であり、永遠であるのに対し、太陽は絶え間なく動であり、生命であり、現在である。（中略）北極星の経と、太陽点による縦とは、（中略）全く正反対の世界をつくりあげている[※]」

われわれが思っているヨコを、タテ（基準）として認識する社会。

そのルーツは、『日本書紀』に登場する成務天皇の時代どころか、おそらく縄文

※ 吉村貞司『原初の太陽神と固有暦』（六興出版）

「経」から「縦」へのパラダイムシフト

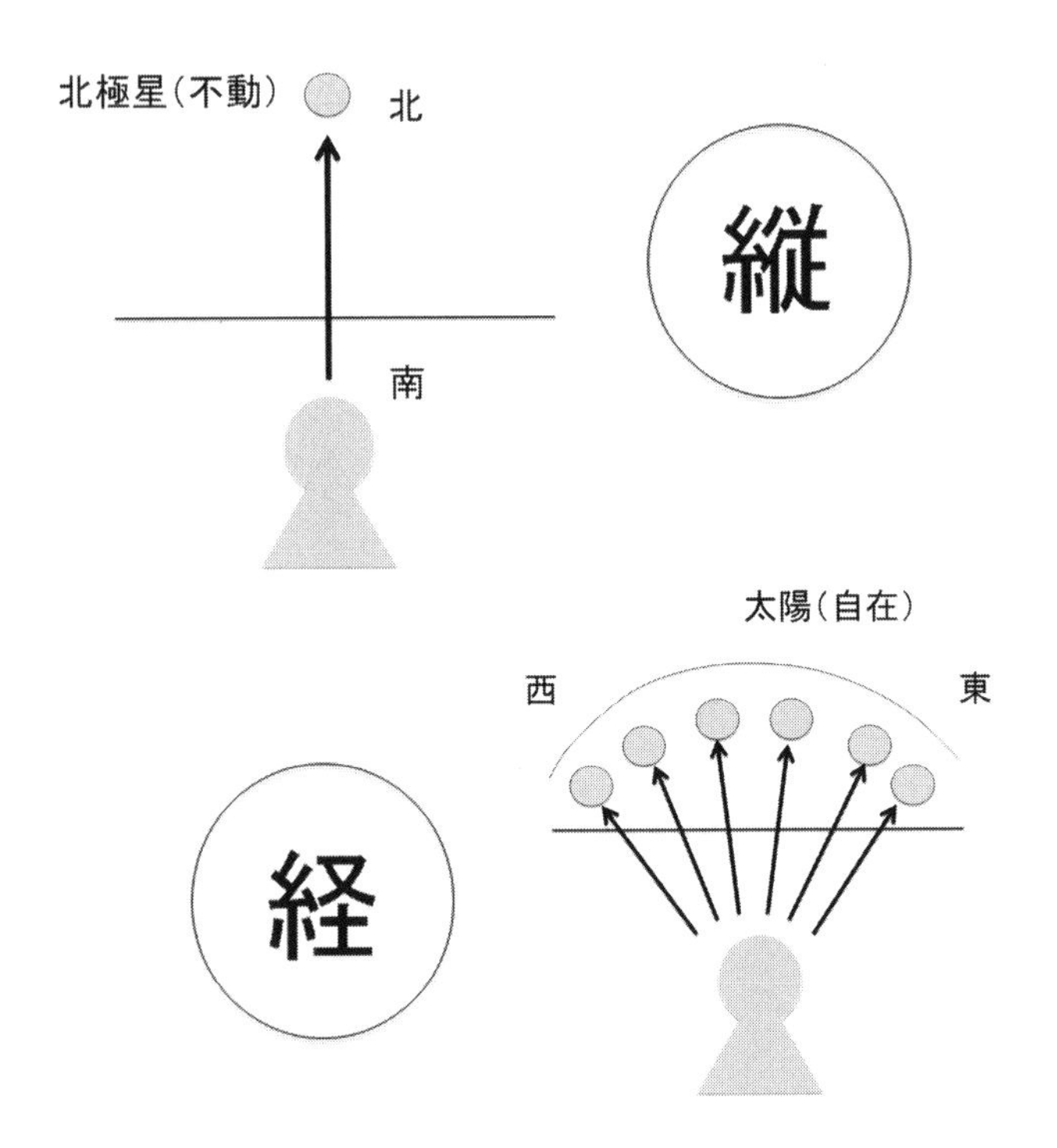

時代までさかのぼれるでしょう。

なぜなら、ゆうに1万年続いたというこの時代、これまで述べてきたように、日本列島は気候に恵まれ、食べるのにあまり困らない、ほしいままに生きられる環境が用意されていました。

このような環境のなかでは、ほしいままに動く太陽を信仰することはごく当たり前のことだったかもしれません。逆に、天空の不動の星（北極星）を信仰する発想は生まれにくかったでしょう。

北極星は、ユーラシアの広大な草原を疾駆する騎馬民、遊牧民にとってこそ必要な道標であり、後世、それはキリスト教のような一神教信仰とつながり、西洋社会の秩序になっていきました。

その意味では、ざっくりと次のように区別してもいいでしょう。

北極星信仰↓不動の秩序・真理↓一神教
太陽信仰↓ほしいまま・あるがまま↓多神教

事実、当時の日本列島では、自然は猛威を奮う厳しい対象ではなく、豊かに包み込み、育んでくれる存在として受け止められていました。

そのなかで、天に大きく浮かぶ太陽をつねに仰ぎ見、意識を向ける感覚が芽生えていったと言えますが、太陽信仰も北極星信仰も、自然の法則に支配されている点は変わりありません。

ほしいままといっても、法則を無視しているわけではありません。

日本列島で暮らす人たちにとっては、縦軸＝東西に動く太陽の運行ラインこそが秩序であり、タテ＝基準でした。

北極星から伸びる南北のラインに慣れていると曖昧で、とりとめなく感じられがちですが、むしろそれが秩序なのです。

日本人が過去から継承し、体内に内蔵させている遺伝子には、こうした自由なる秩序が眠っているのかもしれません。

＊

古代人の気持ちになってもう少しイメージを膨らませてみましょう。

いま住んでいる三浦半島の葉山では、相模湾を挟んで遠方に小田原から伊豆にかけての山並みが広がっています。

その山並みのさらに向こうには、富士山が控えています。

夕暮れ時に海岸を散歩すると、山並みの向こうに沈んでいく太陽の位置が、毎日少しずつ移動しているのがわかります。

おそらく、もっとじっくり観察していけば、「山並みのあの位置に太陽が沈むようになったら、そろそろ暖かくなる」といったふうに、季節との相関も感じとれるかもしれません。

この東西のラインが基準（＝タテ）になったことは想像できますが、古代人の観察はそれだけにとどまりません。

太陽の動きに一定の周期があることがわかってくると、次第に春分、秋分、夏至、冬至などの節目が認識されていきます。そうやって整備されたのが、二十四節気であり、七二候です。

二十四節気は、季節の移ろいを24に分けてとらえるため、1年を365日とした場合、24等分された15日ほどをかけて季節が少しずつ移り変わっていくのが感じとれます。七二候となるとさらに3等分されるため、わずか5日という短い日にちで季節の変化をとらえられるわけです[※]。

※ たとえば立春は、「東風解凍」（はるかぜこおりをとく）、「黄鶯睍睆」（うぐいすなく）、「魚上氷」（うおこおりをいずる）という3つの期間に分けられる。

このほかにも、節分、彼岸、入梅、八十八夜、土用といった区切りもあり、こちらは雑節と呼ばれていました。

暦のルーツは古代中国にありますが、日本人はこれを使いこなし、生活のなかに溶け込ませていったのです。

一方、月の満ち欠けが一定の周期をつくっていることが観察され、それも基準の一つになっていきました。

太陽の動きが季節の移ろいを反映しているとしたら、こちらに関わっていたのはもう少しミニマムな身体の変化でしょう。月の運行によって引力が生じるため、重力下で生きている私たちの身体は、月のリズムになんらかの影響を受けている可能性があります。

科学的な実証はまだ十分とは言えませんが、月のサイクルが約29・5日であるのに対し、女性の生理周期は約28日。肌のターンオーバーもおなじく28日ほど（成人の場合）と言われています。

月の運行をベースにした太陰暦では月の初めの1日が新月、15日が満月（十五夜）と、文字通り、ひと月が月のサイクルで循環していました。この月のサイクルは体の代謝リズムと重なり合っていたため、古来、太陰暦を採用する国や地域が多かったのかもしれません。

日本列島では太陰暦ではなく、太陽暦と太陰暦をかけ合わせた太陽太陰暦がつくられ、生活の基準として用いられてきました。

合理的な視点から見れば、日付と季節がずれない太陽暦のほうが優れていますが、それでは身体のリズムが置き去りになります。身体の内側のリズムと外側のリズム、昔はこの二つのリズムを重ね合わせ、自然の変化をより立体的に感じることに重きが置かれてきたということでしょう。

とりわけ日本の場合、自然の変化を感じとる力は、暦を生み出した中国大陸よりも備わっていたかもしれません。文明のスケールでは比べるべくもありませんが、縄文時代の1万年をふまえればわかるように、自然と寄り添って暮らす時間ははるかに長かったと言えるからです。

それは、一見不安定にも思える自然の移ろいをそのまま受け入れ、そのサイクルの中で生きていく融通無碍（ゆうづうむげ）の感覚。

こうした縄文時代の自然観が温存され、のちの時代の人々の生き方にも否応なく

「太陽」と「月」を暦でむすぶ

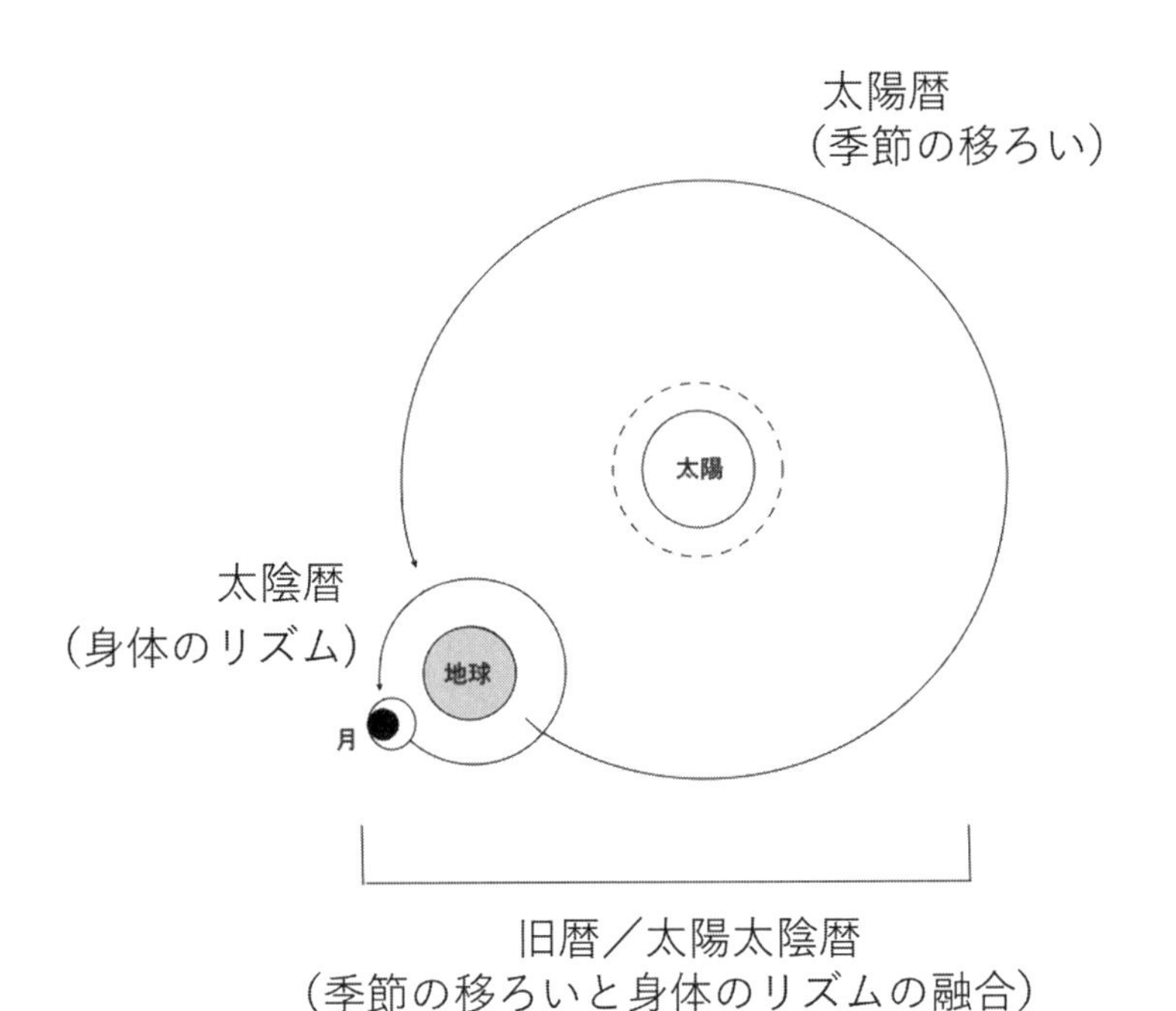

影響を与えていくことで、文明化されながら自然への畏敬が色濃く残る、日本特有の文化が生まれたのです。

*

後世、日本らしさを表す言葉として登場する「わび、さび」も、縄文以来の風土のなかから派生したものでしょう。

解釈はいろいろとありますが、編集工学者の松岡正剛さんは、わび・さびのルーツを「すさび」のなかに見出します。

このすさびとはいったい何でしょうか？

「スサビを『荒び』すなわち『荒ぶ』とみなせば、これは何かが荒れてくること、落ち着きがなくなってくること、変な感じがそこに出てくること、そういう普通ではない状態のことを意味します。アマテラスの弟であるスサノオのスサも、きっとスサビと関係のある語根で、そのためスサノオは荒ぶ神とか荒ぶる神をあらわしていた。（中略）

一方、スサビは古くから『遊び』とも綴っていて、これはまさしく遊びです。（中略）日本の遊びはスサビを根元にもっていた。だから、何か具体的な遊びをするというだけではなく、ただ何かに惹かれて心を遊ばせることをどこかでたのしむ気分になること、それも遊びだったのです※」

つまり、すさびは自然の移ろいそのもの、さらにはそれを感じ、自らを遊ばせる心のありようを指していたと言えます。

松岡さんは、ここからまず**さび**が、さらに**わび**が生まれたととらえます。

さびは「寂れること、寂しくなっていくこと」ですが、それは情景だけでなく、寂寥感のような感情も混ざり合い、やがては花も紅葉もない冬枯れの景色にすら美意識が見出されるようになります。

「これ以上進めば、そこは氷結か、さもなくば死です。それでは遊芸になりません。こうして、このサビの感覚は軌道を転回させ、『ワビ』のほうへ折れていくのです※同」

※ 松岡正剛『日本流～カナリアはなぜ歌を忘れたか』（朝日新聞社）

一方のわびは「詫びる」が語源であり、「粗相を心から侘びてまで用意することがワビの気持ち」であるといい、松岡さんいわく「そこから『侘び茶』の意識が生まれた」※同。

名品や一品が用意できなくてもいい、間に合わせでもいい。それを侘びという言葉で包み込み、茶の文化に変えてしまう。自然の移ろいをとらえる繊細な美意識が、時代とともに相手に対する思いや心配りといったものに昇華していったさまが見てとれるかもしれません。

松岡さんは、こうした日本の風土が生み出した文化性を「一途で多様」と表現しています。一途という言葉には一つのことに打ち込むという意味がありますが、日本人は「一途になるために、先になったり後になったりしながら、相反するものをあえて持ち込んでくる」※。

おそらく、それが多様ということでしょう。

一途さは単なる真面目や勤勉ではなく、それを成り立たせる適当さがある、と解してもいいかもしれません。その源泉には、日本列島がアジール（文化の受け皿）であったことが関係しているはずですが、注意したいのは、多様さ自体は日本列島

※ 松岡正剛『神仏たちの秘密〜日本の面影の源流を解く（連塾 方法日本1）』（春秋社）

「荒び」と「遊び」

ともに「すさび」と読む。日本神話の主役の一人、スサノオノミコト(素戔嗚尊) のキャラクターにも、「荒び」と「遊び」、この両面性がかいま見られる (島根県松江市・八重垣神社蔵)。

の専売特許というわけではないという点です。

プリミティブな原始社会は、どこであっても、自然界の多様性を受け入れる感覚、アニミズムがベースになっているからです。

このアニミズムは精霊崇拝と訳されますが、わかりやすく言えば「すべての存在に生命が宿っている」というとらえ方です。

すべての存在という以上、たとえば鉱物であっても生命（魂）が宿っていることになりますが、それは生物学の定義とは異なり、代謝することや、細胞を単位とすることなどを指しません。

でも、生きている？　アニミズムではそうとらえます。だとすれば、視野を広げ、生命そのものの定義が必要になってきます。

つまり、生物も非生物も等しく宿しているもの……そこに重なってくるのは、振動の概念かもしれません。

振動と言うと、振り子が揺れたり、発声などで音波が伝わるイメージがありますが、物質を成り立たせている原子は、よりミクロな素粒子の振動によって成り立ち、それは万物に共通しています。

生物にも、非生物にも共通しているのが、こうした微細な振動なのです。

古代人の感覚ではこの二つの境界がさほど明確ではなく、その分、すべての存在を成り立たせている根源のゆらぎ、つまり万物のエネルギーそのものを感じる力が強かったのかもしれません。

実際、八百万（やおよろず）の神々という言葉があるように、日本では日常のそこかしこに神様がいると考えられてきました。

山にも、川にも、海にも、木にも、岩にも、あるいは、家のなかの竈（かまど）や生活道具、武具などにも……。しかも、これらの神々は無限に分割されていきます。一柱の神からどんどんと分霊、分社が作られていきますが、もとの神は衰えたり減じたりすることがない、無限分割があるのです※。

また、こうした信仰には亡くなった祖先も含まれます。生物の定義にとらわれなければ、生と死の境界も曖昧になり、死者もまた振動としてとらえられる対象だったかもしれません。死んで無になるわけではなく、「神として見守っている」と感じていたでしょう。

いや、生物という枠組みにしても、突き詰めるときわめて曖昧です。

科学の世界では、代謝をしていなければ生物とは呼べないと言いましたが、その

※ 山折哲雄『宗教の力～日本人の心はどこへ行くのか』（ＰＨＰ研究所）

定義自体、絶対とはかぎりません。

たとえば、身体の中の臓器を一つ一つ調べていくと、そのなかに「肝臓」という器官が観察できます。

通常はこの肝臓を取り出して、さらに細かく働きを調べていきますが、肝臓は単独で存在しているわけではありません。そこには血液が取り込まれ、老廃物が取り出され、ホルモンも分泌されています。

禅僧の藤田一照（ふじたいっしょう）さんは、曹洞宗の開祖である道元（どうげん）の「尽十方界真実人体（じんじっぽうかいしんじつにんたい）」という言葉をふまえつつ※、「それらも肝臓に含めたら、どこからどこまでが肝臓かわからなくなる」と言います。

強いて言えば、身体全体が肝臓ということになりますが、一照さんは「呼吸をしなければ肝臓は動かないから、空気も必要だし、肝臓がいまの形で身体に収まっていることには、地球の重力も関わっている。そう考えたら、外部の世界も含めて肝臓ということになる」と続けます。

「だから、道元さんの言い方だと、『尽十方界』。つまり、この宇宙全体が真実の人体であるという表現になる。

※道元『正法眼蔵』4巻「身心学道」、43巻「諸法実相」、57巻「遍参」など。

尽十方界真実人体。これが一番、解釈を入れない、人の身体、われわれが存在しているあり方を表した言葉の一つじゃないですかね。（空間全体を指しながら）われわれはこれなんですよ※」

要するに、「自分という存在は孤立しておらず、すべてのものとつながっている」ということでしょう。

バラバラに分断されていたものが一つに感じられたら、それまでの物の見方が一変し、ここでもパラダイムシフトが起こります。

とりわけ顕著なのは、争いごとへの対処法かもしれません。

他人と根底でつながっている実感が生まれれば、一つの必然として、暴力的な手段をむやみにとりにくくなります。他者を傷つけることは、自分を傷つけ、苦しむことにつながるからです。

仮にいさかいが起こったとしても、そこで求められるのは相手を責めることでも、まして自分を責めることでもありません。調和が乱れてしまった以上、その乱れた状態を自覚し、もとのすがすがしく清らかな状態に戻すことが何よりも求められるでしょう。

※ 藤田一照・長沼敬憲『僕が飼っていた牛はどこへ行った?』（ハンカチーフ・ブックス）

古来、日本ではそれを「祓い」と呼び、海や川、滝などで身を清め、罪穢れを祓う「禊」が行われてきました。

水行があくまでも基本ですが、「水に流す」という言葉があるように、腹を割って話し合うことでも穢れは祓われる、つまり、和（もとの調和した状態）が取り戻せると考えられてきました。

歴史作家の井沢元彦さんが指摘しているように、こうした和は「他の国にはない日本人特有の文化」として語られることが多いですが[※1]、注意したいのは、絶対的な権力者のいない原始社会では、「話し合いによる解決」は珍しくなかったという点です。

たとえば、古代ハワイでは「話し合いによる解決」のことを「ホオポノポノ」と呼んできました。ホオポノポノ（Ho'oponopono）のホオ（Ho'o）は「～させる」、ポノポノのポノ（pono）は「もとの正しい状態」を指すと言いますから[※2]、まさに「和」そのものだとわかるでしょう。

日本列島では、国ができ、権力構造が生まれて以降もこうした和が失われず、話し合いがつねに大事にされてきました。

※1 井沢元彦『逆説の日本史〈1〉古代黎明編～封印された「倭」の謎』（小学館）

※2『レイア高橋インタビュー』（ハンカチーフ・ブックス『TISSUE Vol.2』所収）。154ページ参照。

それは近代化が進み、グローバルのただ中にあるいまの日本の社会にも当たり前のように残存しています。特異なのは、その点でしょう。近代の合理主義、データ主義を取り込みつつ、いまもなお古代人の感覚が色濃く残る、日本はちょっと不思議な国なのです。

*

ここで再び、太陽信仰の話に戻ることにしましょう。舞台となるのは、のちの大和朝廷のお膝元、奈良です。

奈良は「大和」と称されてきたように、話し合いをベースにした縄文以来のコミュニティ（＝和）が統合され、一つの国（＝大和）にまとまっていった、古代日本の要のような土地です。

奈良というと平城京のあった奈良市周辺が思い浮かびますが、国が生まれようとしていた黎明期、東南方にある三輪山の一帯（現在の桜井市周辺）に王権の中心があったと考えられています。

この一帯には、弥生末期～古墳時代にかけての代表的な集落遺跡である纒向（まきむく）遺跡が広がり、初期の前方後円墳として知られる箸墓古墳など、大小様々な古墳群が点在しています。

一つ一つ謎解きしていきたいところですが、ここでは日本最古の神社とされる大神神社に注目しましょう。

正確な創建年代はわかりませんが、『古事記』や『日本書紀』を見ると、天皇家が畿内に進出する以前、すでに三輪山がご神体として祀られ、広く信仰されてきたことがわかります※。

そう、大神神社では山が神様なのです。

事実、境内には祭神を祀った本殿がなく、拝殿しかありません。拝殿の奥にある三ツ鳥居を通し三輪山を拝するという、まさにアニミズムを体現したような造りになっています。その意味では、縄文のエッセンスが受け継がれた社と言っていいかもしれませんが、ここで注目したいのは太陽です。

三輪山の山頂には、日向御子神を祀った高宮神社があります。

歴史学者の和田萃さんは、山麓にある神坐日向神社と関連させつつ、次のような指摘をしています。

※『日本書紀　神代上・第八段一書（六）』、
『古事記・大国主』

三輪山から始まった古代日本

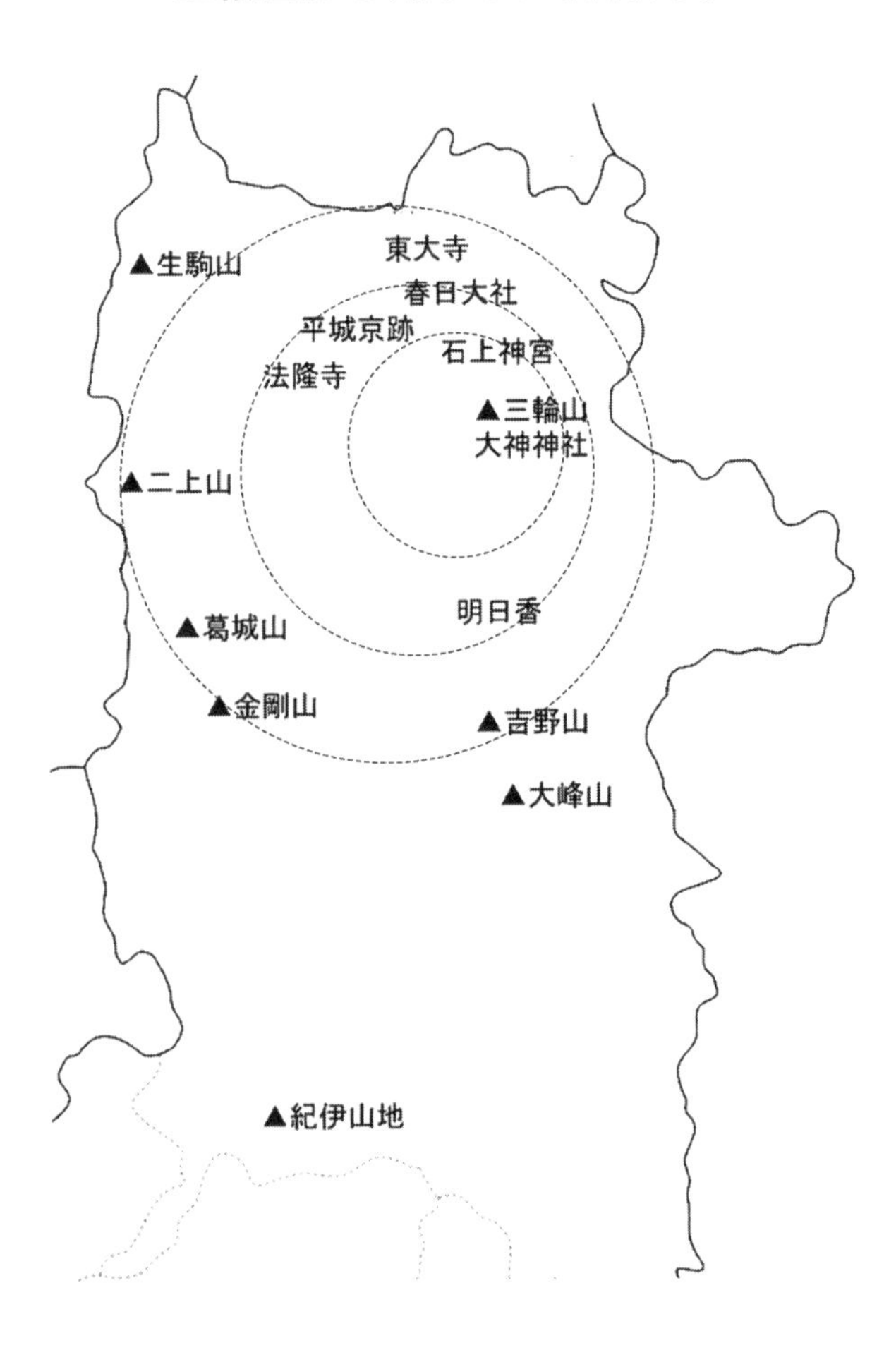

「日向（ひむかい）というのは太陽を祀ることです。いわゆる日神祭祀の神祀りの場であったということです。

近世以前は三輪山の山頂に日向神社があったのです。（中略）明治になって神坐日向神社は山麓に降ろされて、大神神社の大礼記念館の南側に遷されましたが、室町時代の大神神社境内の絵図を見ますと、頂上にみえています※」

この指摘をふまえるならば、古来、三輪山は日向＝太陽信仰の山だったのでしょう。日向には日の差す方向という意味もあるように、大和盆地から見ると東にある三輪山から日が昇ります。

とりわけ春分と秋分の日には、三輪山にほど近い檜原（ひばら）神社を背に真東から太陽が昇り、大和盆地を挟んだ反対側、二上山の雄岳と雌岳の間に夕日が沈んでいくといいます。古くからこのロケーションが愛され、円錐形の稜線が美しい三輪山が信仰の対象とされてきたのも頷けます。

ただ、太陽信仰にまつわる話はこれだけでは終わりません。

もう一つ注目されるのは三輪山の南西方、『万葉集』にも歌われた有名な大和三

※ 和田萃『三輪山の神と周辺の神々』（大神神社・編『古代大和と三輪山の神』学生社、所収）

山（天香山（あまのかぐやま）、耳成山（みみなしやま）、畝傍山（うねびやま））です。

なにやら古代史ミステリーのような話になりますが、この3つの山を地図上でつないでみると、不思議なことに、畝傍山を頂点にした正確な二等辺三角形が浮かび上がってきます。

しかも、その三辺はピタゴラスの定理で割り出せる整数比（5：12：13）と重なるといいますから、偶然にしてはできすぎています。

古代史家で建築家の渡辺豊和（わたなべとよかず）さんによると、この二等辺三角形の垂直二等分線を延ばしていくと、「三輪山山頂下の広大な張り出し舞台状の大地の中心を通る」といいます。※

「この中線の角度は、東西軸に対して28度50分となり、実に冬至の日の『日の入り』の方向とピタリと一致している」※同

つまり、三輪山の張り出し舞台に立つと、冬至の日に畝傍山の向こうに日が沈んでいくのがわかるわけです。逆に、夏至の日に畝傍山に立つと、三輪山の向こうに日が昇っていくのがわかります。

※ 渡辺豊和『縄文夢通信〜縄文人は驚くべき超文明を持っていた』（徳間書店）

三輪山・大和三山・太陽信仰

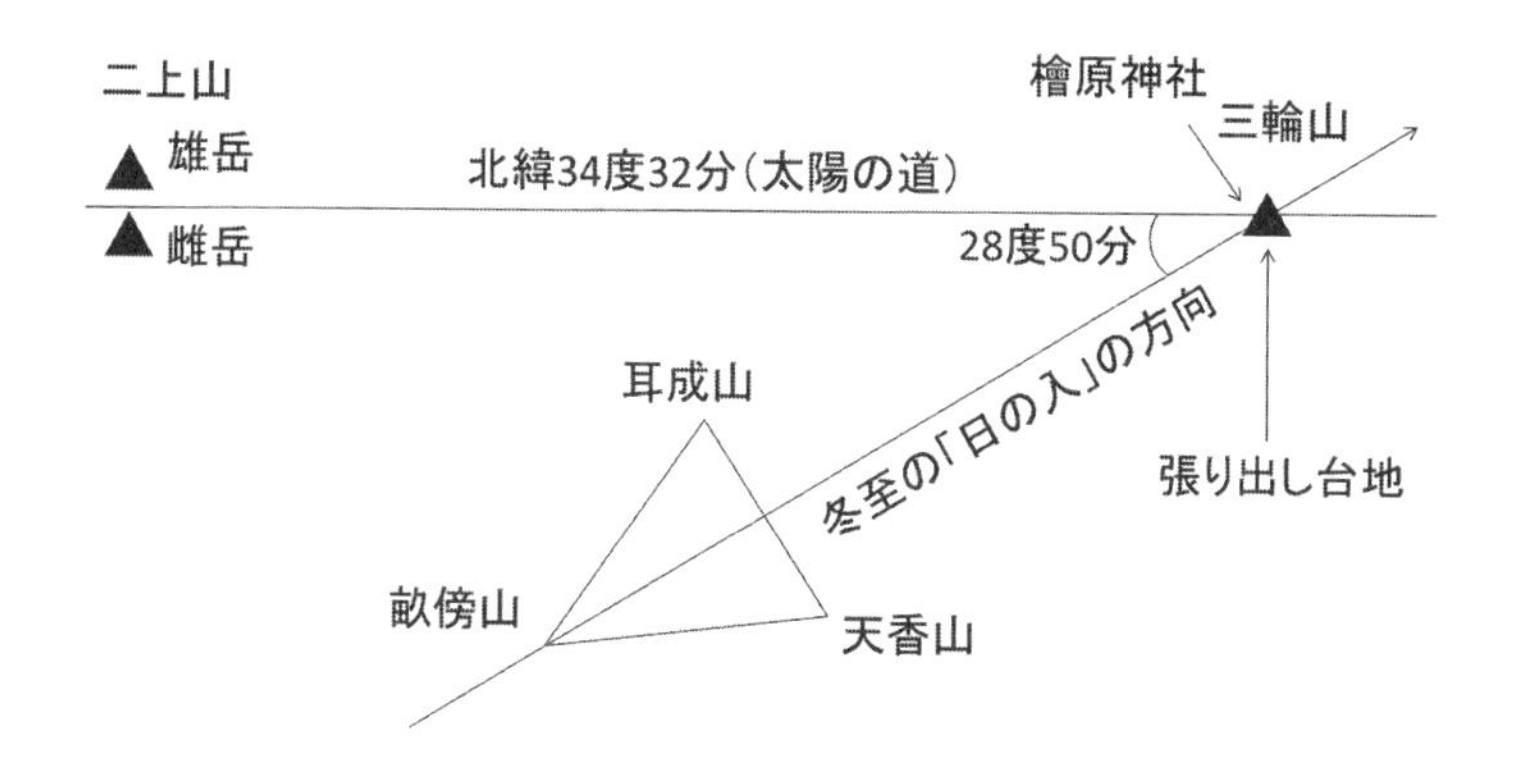

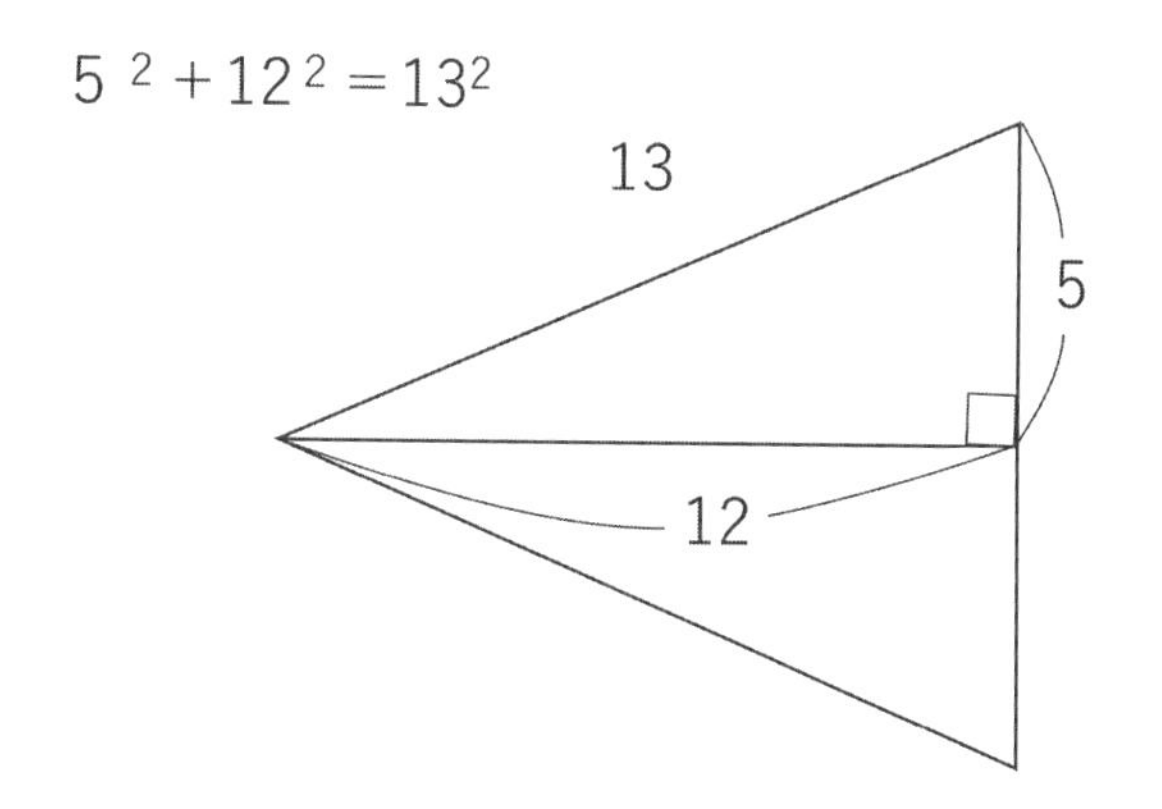

ピタゴラスの定理(a2 + b2 = c2) では、直角三角形をつくる3辺(a,b,c) のうち直角を挟む2辺(a,b) の長さがわかれば、残り1辺（c）の長さがわかる。「三平方の定理」ともいい、(3,4,5)（5,12,13)（15,8,17）などがある。

3つの山がなぜ二等辺三角形で結ばれるのか？　しかも、測量に用いられる整数比で……このあたりの真相はよくわかりませんが、※ここにも太陽信仰の痕跡が見え隠れします。古代の王権が成立する初期段階に太陽信仰が深く関わりあっていたこと自体、おそらく確かなのでしょう。

いや、古代が始まりだったわけではなく、縄文時代の段階から太陽信仰は日本列島に当たり前のように根づいていました。

冒頭では具体例を挙げませんでしたが、秋田の大湯環状列石、能登の真脇遺跡、飛騨の金山巨石群、さらには青森の三内丸山遺跡など、どれも二至二分（夏至・冬至・春分・秋分）と深い関わりが見られます。

「山梨県牛石（うしいし）遺跡、群馬県の天神原遺跡の真西には、それぞれ三ツ峠山、妙義山という三峰型の山がある。春分と秋分には、どちらの遺跡からも三峰の中央に日が沈むのを目撃できる。各地の環状列石の石の配置にも、夏至や冬至の日の太陽の位置を指し示したものが多い。

三内丸山遺跡の掘立柱建物の六本柱も注目に価する。三本ずつ並んだ柱の列は、夏至の日の出と冬至の日の入りを指し示しているのだ。柱の間に見えるダイヤモン

※ 渡辺さんは、耳成山、天香山は太陽観測のためにつくられた人工造山で、畝傍山、三輪山も同じ目的で一部整形されたと推測している。

ドフラッシュの陽光は荘厳そのものである」[※1]

最近では、飛騨地方南部の山あいに点在する金山巨石群も、巨石のすき間のどこに太陽の光が差し込むかによって、二至二分の日づけを詳しく確認できることが判明しています。[※2]

前述の渡辺さんは、こうした太陽信仰とのつながりが日本列島のほぼ全域に張りめぐらされていたととらえます。

冬至のライン、そして夏至の日の入りのラインに沿って一定間隔で平行線を引いていくと、その線上に各地の主だった聖地（山頂や巨石、神社など）が乗ってくるというのです。

先ほどの三輪山と二上山を結ぶラインは北緯34度32分にあたり、こちらも伊勢神宮の斎宮から淡路島にいたるまで、東西の線上に太陽信仰にまつわる様々な史蹟が乗ってくるという指摘もあります。

そのため「太陽の道」と呼ばれることもありますが、[※3]太陽のほしいままな運行を基準にしてきた人たちが、二至二分に注目し、モニュメントを設けたとしても、それ自体不思議ではありません。

※1 小林達雄『縄文人のインテリジェンス〜10のキーワードで解く』（平凡社『別冊太陽 日本のこころ212　縄文の力』所収）

※2 小林由来・徳田紫穂『金山巨石群の「縄文」太陽観測ガイド』（三五館）

※3 水谷慶一『知られざる古代〜謎の北緯三四度三二分をゆく（日本放送出版協会）

そもそも、現代に生きるわれわれとは感覚が根本的に違っていたのです。

この種の説には様々なバリエーションがあり、真相はつかみにくいところがありますが、極東のアジールがアニミズムをベースにした「太陽の国」として栄えていたことは確かなのでしょう。

のちの日本という国号からも想起されるように、ことのほか太陽にシンパシーを抱き、そこに生命の営みを感じてきたのです。

＊

とはいえ、古代の日本列島には、太陽のネットワークという見えない網の目張り巡らされていた……ここまで話のスケールが広がってしまうとついていけないと感じる人もいるかもしれません。

そうとらえられるだけで、明確な証拠がないと言う人もいるでしょう。

ただ、こと日本らしさという点では、この「証拠がない」というところに大きな意味がひそんでいます。

なぜなら、日本列島はその8割が山で占められ、山の多くは森に覆われ、自然の恵みと直結していました。

わざわざピラミッドやバベルの塔（ジッグラト）のような巨大建造物を作らなくても、山川草木（自然）が信仰の対象であり、モニュメントになりえます。当時の人たちにとっては「証拠に残るようなものを作る必要がなかった」というケースが多かったでしょう。

当たり前すぎて、わざわざ記録に残すこともなかったとしたら、学問として扱うことも難しくなります。たとえば、時が過ぎて冬至や夏至のラインの意味が忘れ去られてしまえば、あとはもう何も残りません。

大神神社のように社が建てられれば信仰は残りますが、太陽信仰の意味については忘れられてしまうかもしれません。文献に記述がなければ、想像にすぎないと一蹴されるでしょう。

つまり、実態があるようでない。でも、ないようである。

それまで当たり前に感じられていたものでも、パラダイム（価値観）が変わってしまうと視点そのものが失われ、「なかったこと」になってしまう。自然だけが残され、痕跡は消えるのです。

なにやら前置きが長くなってしまいましたが、じつはこの「証拠がない」「痕跡が消える」ところにアニミズムの本質が表れています。

形あるものを確かだと思う無意識の刷り込みが、その背後に広がっている膨大な情報を切り捨ててしまうのです。言葉にも、文字にも表しきれないところに、この世界の豊かさは隠されています。


日本列島は、教科書に載っている世界の四大文明などと比べて「遅れている」と言われてきました。

遅れているということは、要は「時間の流れがゆるやかだった」ということです。そのゆるやかな時間のなかで実態があるようでない心もとなさが育まれ、細やかな感性がつくられていきました。

その細やかさは、後世の「わび・さび」、あるいは「もののあはれ」といった価値観の素地にあたると言ってもいいでしょう。

前述の松岡正剛さんが「あわれ」に関して面白い指摘をしています。

「この『あはれ』は平安貴族の、つまりは公家がつくった感覚です。ところが平安後期になると北面の武士の台頭を背景に、新たな階層としての武家が登場し、平清盛に代表されるような武門の文化の栄華が訪れます。しかし、この武家は公家とは出自も社会感覚もちがうのだから『あはれ』の感覚をもちあわせていない。ついつい リアルな生き方をしてしまう。（中略）

そこでのちの武家たちは清盛のような貴族的な感覚をそのまま採り入れるのではなく、ちょっと別の工夫をすることになる。それが『あわれ』に対する『あっぱれ』の登場です。すなわち『あはれ』と見えるものを『あはれ』と見ずに、あえて『あっぱれ』というふうに褒めたたえる立場をつくろうとした[※1]」

松岡さんは、「あはれ」と「あっぱれ」は裏と表、「二つで一つ対の感覚」になっていると続けます。実際、平安末期の『平家物語』にあっぱれという言葉が現れ[※2]、中世以降、頻出するようになります。

あわれとあっぱれ……。この表裏一体の関係は、陰と陽、あるいは静と動に置き換えてもいいかもしれません。

実際、自然界には静ばかりでなく、動もあります。

静が「わび」「さび」「あはれ」だとしたら、太陽の活動に象徴される、燃えたぎるようなエネルギーが動でしょう。

※1 松岡正剛『日本流〜カナリアはなぜ歌を忘れたか』（朝日新聞社）

※2 青木孝夫『「平家物語」に於ける〈あっぱれ〉について〜一つの解明の試み』（東京大学文学部美学藝術学研究室）

あっぱれに「天晴れ」という漢字が当てられているように、それは内在する生命の力そのもの。日々移ろいゆく太陽の運行は、季節感の目安だけでなく、自らの生命の躍動とも自然と重なり合ったはずです。

国家が形成され、秩序が生まれるなかで深沈していったエネルギーが、武家の台頭によって再び顕在化したということかもしれません。

かつてこの列島に住んでいた人たちは、「あはれ」と「あっぱれ」、つまり、繊細な感性と同時に、太陽のように明るく、生命力に満ちあふれたエネルギッシュな一面も併せ持っていたのでしょう。

静と動、光と影、強さと優しさ、裏と表……まさに多神教的なエッセンスが後世に受け継がれていったのです。

＊

これまで見てきたように、大元にあるアニミズムの感覚は原始社会のあちこちで見られる普遍的なものです。

太陽信仰もまた、日本だけに固有のものではありません。

注目すべきなのは、こうした多神教的なエッセンスと外来の文化が融合し、変容していった点でしょう。

一神教的な価値観が入り込むことでこうしたアニミズムの世界は破壊され、変質を余儀なくされましたが、日本ではこれらが融合し、小さな和のコミュニティが大和へと統合されていきました。

ここに「天皇」という称号のルーツを重ね合わせてみましょう。

一般的には、古代中国で北極星が神格化されることで生まれた「天皇大帝」がルーツとされていますが、[※]その天皇家が祖霊として祀っているのは太陽神である天照大神(アマテラスオオミカミ)です。

大和という集合体へ統合されていく過程で、一神教的な世界観の象徴である天皇がアニミズム的な祭祀を取り仕切る神主となり、その伝統がいまに継承されているという不思議な経過をたどります。

自然人類学者の埴原和郎(はにはらかずろう)さんは、発掘された歯や骨の形状を統計学的に分析することで、有名な「二重構造」モデルを唱えました。

※ 吉村武彦『古代天皇の誕生』(角川書店)

「日本列島の最初の居住者は後期旧石器時代に移動してきた東南アジア系の集団で、縄文人はその子孫である。

　弥生時代になって第2の移動の波が北アジアから押し寄せたため、これら2系統の集団は列島内で徐々に混血した。この混血の過程 は現在も続いており、日本人集団の二重構造性は今もなお解消されていない」[※1]

　縄文人と弥生人の顔や体格の違い、東日本と西日本の文化的な違いなど、いま多くの人がイメージする日本の二面性は、埴原さんの研究にどこかしら影響を受けているところが大きいでしょう。

　最近では、遺伝学者の斎藤成也（さいとうなるや）さんが核ＤＮＡの解析から日本人のルーツを探り、埴原さんの二重構造説を検証しています。これまでの整理も兼ね、そのポイントを挙げてみましょう。斎藤さんは、次の3つのステップで「日本人」の成り立ちをとらえています。[※2]

　①縄文人の祖先は、東アジアや東南アジアの人たちと分岐するよりも古い時代に、様々なルートから日本列島にやって来た。

※1 埴原和郎『特別寄稿・二重構造モデル：日本人集団の形成に関わる一仮説』(Anthropol. Sci. 人類誌 102 (5), 455-477, 1994)

※2 斎藤成也『核ＤＮＡ解析でたどる日本人の源流』（河出書房新社）

②縄文時代末期、朝鮮半島、遼東半島、山東半島などを経由し、新たなグループが渡来し、土着の縄文人と混血した。
↓
③弥生時代以降、稲作技術を持った人たちが渡来し、日本列島の中央部に進出、古い時代の渡来民との間に二重構造が生まれる。
↓

①が渡来の第1段階にあたりますが、斎藤さんの解析の興味深いところは、縄文人の渡来ルートが朝鮮半島経由に限らず、北方や南西諸島など多岐にわたっているという点です。

また、②の縄文末期に新たに渡来民がやってきますが、その後も渡来は断続的に続き、縄文人と混血した②グループと遅れてやってきた③のグループの間に軋轢（あつれき）が生じたことも示唆しています。

おそらく、③グループの中心をなしたのがのちの天皇家ということになりますが、その統治システムが独特であるのは、こうした日本列島特有と言っていい二重構造のうえに成り立っていたからでしょう。

「日本人」成立の３つのステップ

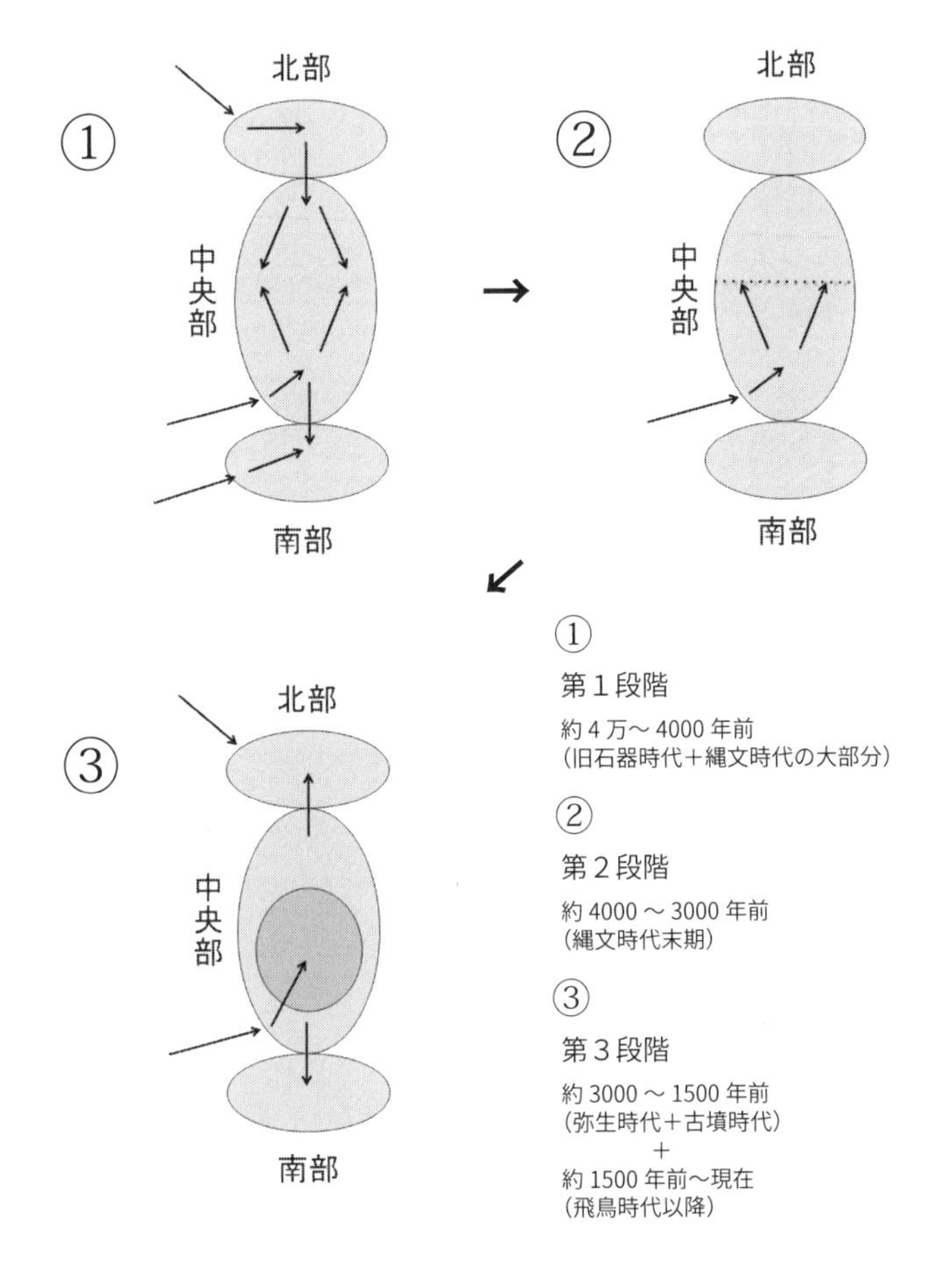

※ 斎藤成也『日本列島人の歴史（岩波ジュニア新書〈知の航海〉シリーズ）』（岩波書店）をもとに作成。

紆余曲折がありつつ、古い時代の太陽信仰と大陸からの北極星信仰がゆるやかに融合したところに天皇制が生まれ、絶対権力とは言えない曖昧な形のまま歴史を支えていくことになるのです。

＊

栗本慎一郎さんは経済人類学的な視点から、こうして形成された二重構造こそ日本の経済を活性化させた要因であったと指摘します。

容姿の違い、文化の違いを生み出しただけでなく、「内なる対立」によって経済発展が生じたというのです。むしろこの点に、二重構造が生み出す力のすさまじさが現れているかもしれません。

そのプロセスを時系列に挙げると、以下のようになるといいます。

・社会内部に異質物を抱え込んだ二重性が存在している。
↓
・こうした内部の対立構造によって産業が自己発展する。

・ここに対外貿易が加わることによって巨大な経済発展につながる。 ←

カギを握っているのは、「異質物が入り込むことで共同体内部に二重構造が生まれる」という点です。

前述の斎藤成也さんは、縄文人と弥生人の対立という構図でこれをとらえず、縄文人と混血した最初の稲作渡来民、この先住グループを駆逐した後発の渡来民の対立軸として描いています。

日本の神話に置き換えるなら、「国津神（くにつかみ）」と「天津神（あまつかみ）」の対立としてとらえてもいいでしょう※。こうした対立は権力争いとして描かれることが多いですが、異質物どうしが接触することで生まれる緊張は、経済を活性化させ、物資の流通をうながす面もあったわけです。

栗本さんは、次のように指摘します。

「本来、人間の社会は安定性を旨としている。それが本来の姿である。
商業や産業の発展は、共同体外部との接触により要請される場合にしか起きない。

※ 国津神は古くから土着していた出雲系の神々、天津神は日向に降臨した高天原系の神々として描かれる。

（中略）その中で、ヨーロッパと日本だけが『一定のエリアの枠内で』A対Bの二重性を持ったということが重要なのだ※」

現在社会に生きていると当たり前のように感じるかもしれませんが、経済活動の大もとにある「もっと豊かになりたい」「富を得たい」という感情はわけもなく湧いてくることはありません。

一万年続いた縄文時代のように、大きな変化のない、安定した状態が打ち破られるには、何らかの刺激が必要です。

日本列島ではそれが内部から起こったのです。

ヨーロッパでも同質の内部反応が起こることで、大航海時代、そして産業革命につながっていきます。

安定した社会が変化し、発展することが、そこに暮らしている人たちに幸せをもたらすかどうかはわかりません。

栗本さんが「拡大発展病」と呼ぶように、欲望が肥大化し、人を狂わせる点でむしろ病と呼ぶべきものでもあるでしょう。

※栗木慎一郎『栗本慎一郎の全世界史〜経済人類学が導いた生命論としての歴史』（技術評論社）

ともあれ日本列島では、一万年に及んだゆるやかで安定した時間を経て、内部で自己発展が湧き起こりました。民俗学で語られる山人やまれびとの存在[※1]、これらの辺境・漂泊の人々と平地民の対立構造は、こうした二重性の一端を解き明かしたものなのでしょう。

歴史と重ね合わせるならば、国が発展する過程で生じた二重性は、

朝廷・貴族・都市　×　武士・平民・山

という対立軸を生み出し、恒常的な緊張関係をつくりだすことで江戸時代後期の経済の発展につながっていきます。

江戸時代に限っても、1500～1600万ほどの人口が3000万までに倍増し[※2]、農村には莫大な富が蓄積されます。

その富が経済を動かし、黒船来航という強烈な外部刺激を経て、明治維新以降の近代化を準備することになります。

共同体の内部に生じた二重構造という仕掛けが、1000年以上の歳月をかけて育まれ、爆発したのです。

※1 山人は、木こりや炭焼きなど、平地とは異なる生活を営む人々。まれびとは、共同体の外部からやってきた貴種、来訪神。

※2 鬼頭宏『人口から読む日本の歴史』（講談社）

日本社会を動かしてきた二重構造

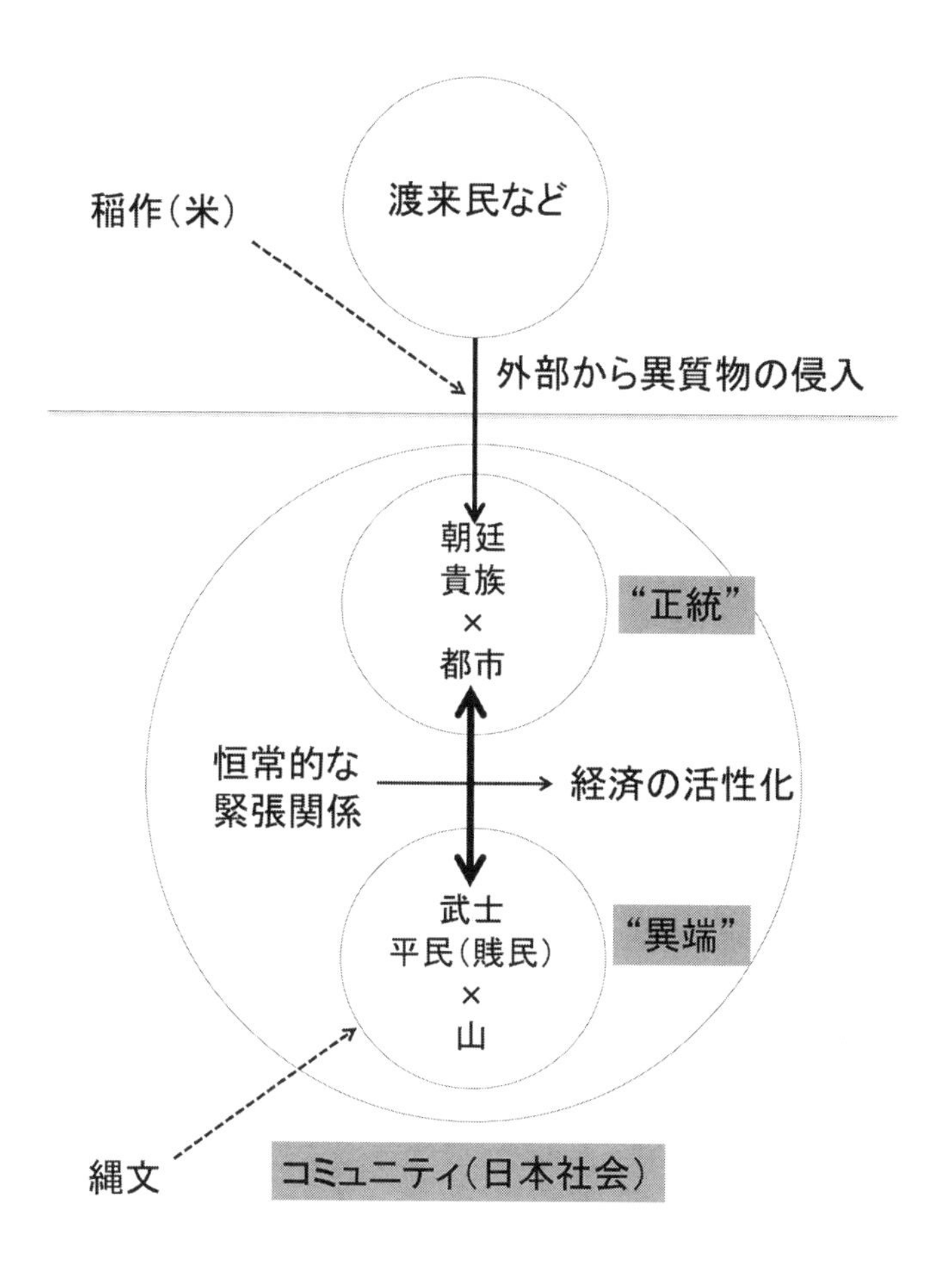

なお、ヨーロッパの二重構造の媒介となったのはキリスト教であり、それは正統と異端の対立という形で展開されました。

この対立軸が「対立するものこそ異端であり、悪である」という異質物への攻撃性につながると同時に、ヨーロッパ内部の自己発展、対外的な経済発展の起爆剤になったということでしょう。

アニミズムの世界が残存した日本では、こうした一神教が生み出す攻撃性は肌に馴染まず、対立が生まれてもどこか甘さがにじみ出ます。ヨーロッパのような深刻な対立が生まれにくい分、問題は先送りになりやすく、敗者であっても完全に滅ぼされるとは限りません。

争いはたえずありますが、争いに後ろめたさを感じ、勝利を得た後でも敗者の思いが気にかかってしまう社会です。グローバルな文明社会のなかでは、競争原理になりそうでならない、内部にゆるやかな二重構造を抱えた日本という国そのものが異質と言うほかありません。

このあたりをふまえ、再び太陽信仰の話に戻りましょう。

太陽の運行をほしいままと表現した吉村貞司さんは、古代の日本人が大切にしてきた感覚を「相対の中の絶対」と呼びました※。

その言葉の通り、移ろいゆくもの（相対）のなかにも確たるもの（絶対）は必ずあります。吉村さんは、それを太陽の運行に求め、時間と空間が溶け合っていた世界としてとらえます。

そのうえで、日本の風土を西洋で生まれた「パースペクティヴ（遠近法）で切り取られた世界」と対置させました。


「パースペクティヴでとらえられる空間は、時間を全く切り棄てたものである。つまり空間は時間を全くふくまず、時間はいっさい空間に関わりないものである。

こうして、空間は純粋空間に、純粋時間になってしまう。まざりけがないので、とてもとりあつかいの便利なものになる※同」


遠近法は、目の前の空間をありのままにとらえる写実的手法としてヨーロッパの絵画に大きな影響を与えました。

そこに一つのリアリズムが生まれたのは確かですが、実際にその空間に立った時、われわれはまったく違ったものを受け取ります。その瞬間、描かれたリアルは消え

※ 吉村貞司『原初の太陽神と固有暦』（六興出版）

「時間」と「空間」が溶け合った世界

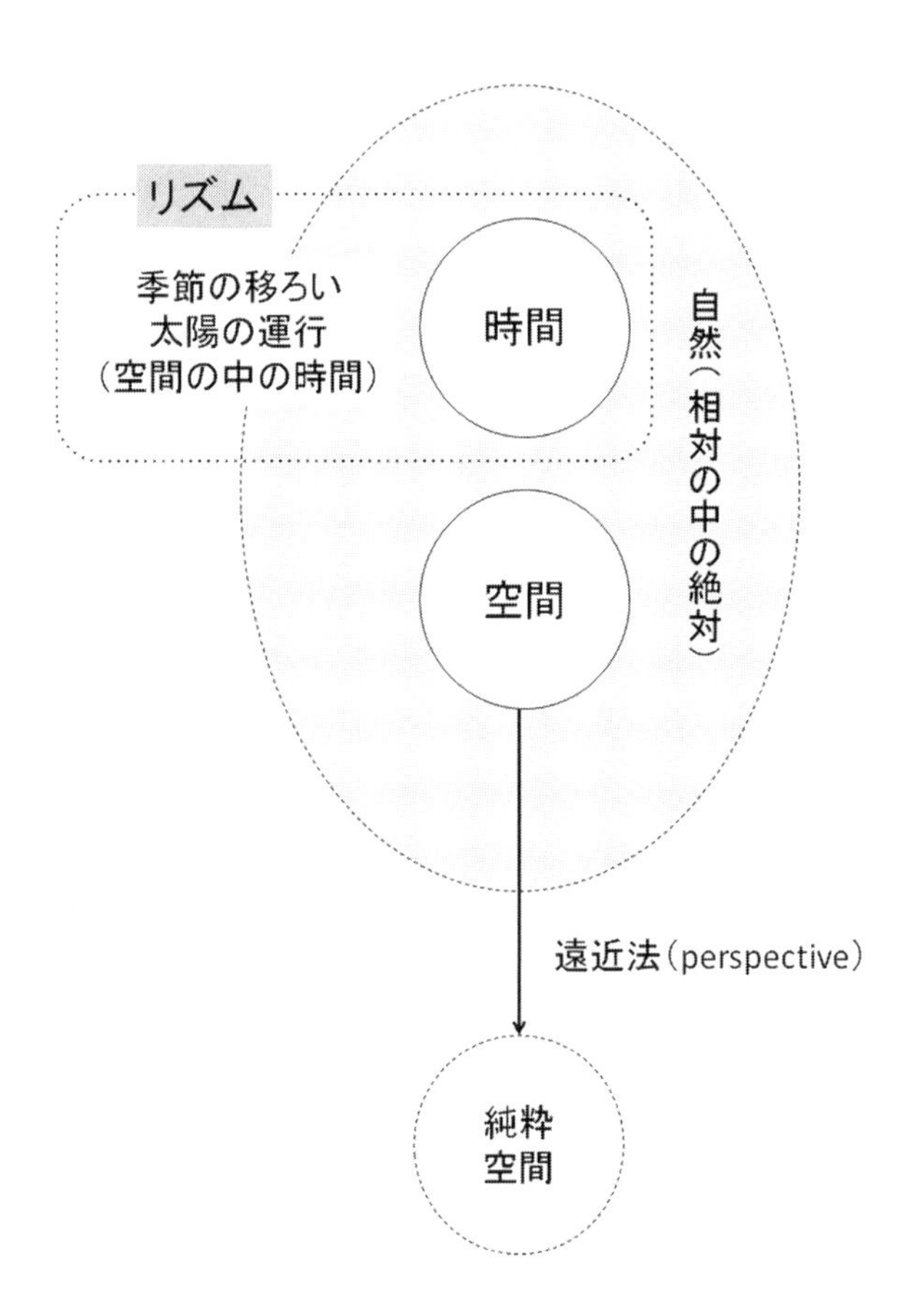

去り、遠近法、写実主義には収まりきらないエネルギーが充満していることに気づかされるからです。

そこに流れているのは、「空間の中の時間」です。季節の移ろい、太陽の運行もここに関わってきます。古代の日本人は、こうした時間と空間が混ざり合った自然の象徴として太陽を尊んだのでしょう。

近代以降、日本列島で生まれた二重構造のなかにヨーロッパで生まれた二重構造が押し寄せ、日本人の生き方は大きく変わりました。この複雑な状況下で求められるのは、どんなことでしょうか?

にわかに答えられる問題ではありませんが、おそらくそれは理性的に描かれる方法論とは別のものでしょう。

理性が世界の複雑さについていけなくなったら、恐れを抱きつつも、その理性からゆっくりと離れてみる。少しだけ視野を広げ、これまで削り取ってしまった「空間の中の時間」に身を置いてみる。

二重構造のなかで温存されてきた和と太陽のエッセンスは、その際の道標となる歴史遺産かもしれません。

COLUMN 3
和をもって「ホオポノポノ」となす？

日本列島から東、そこには太平洋が広がっています。

古代の人にとっては、文字通りの大海原だったと思いますが、その広大な海域にはいくつもの島が点在し、ゆったりした流れで人が行き来し、島ごとに独自の文化が紡がれていきました。

日本列島以上に大陸から隔離されていたこともあり、こうした島々の歴史は決して古くはありません。

ハッキリしたことはわかっていませんが、ハワイ諸島にポリネシアンが最初に渡来したのは、いまから1000年ほど前。西洋文明との最初の接触はキャプテン・クックが来航した1778年ですが、おそらく古代社会にいきなり近代が入り込むような状況だったでしょう。

日本には中世という発酵期間があり、さらには江戸時代の内部発展を経て、黒船来航に遭遇しましたが、ハワイはこうしたクッションなしに外部刺激を受け、変化を強いられました。

以後、西洋の文明・文化が徐々に侵食し、ハワイ王朝は斃れ、ハワイアンのライフスタイルも大きく変容していきますが、この過程で最も強い影響を及ぼしたのはやはりキリスト教でしょう。


キリスト教＝一神教文化が入り込んでくることで、ハワイの社会はどのように変わっていったのか？

一例として、この章で取り上げた「ホオポノポノ」の話をしましょう。

ホオポノポノは、一般的には「愛しています」「ごめんなさい」「許してください」「ありがとう」という4つの言葉を唱えることでネガティブな感情を手放し、浄化させるメソッドとして紹介されています。

スピリチュアル系の関連書を読んだ人もいるかもしれませんが、古代ハワイの歴史や文化に精通したレイア高橋さんは、こうしたメソッドは「古くからハワイに伝えられてきたホオポノポノのエッセンスの一部を取り出し、現代にマッチするようにアレンジしたもの※」といいます。

本来意味するところは、「日常の中でゆがんで、ずれてしまったものをもとの自

※ レイア高橋インタビュー（ハンカチーフ・ブックス『TISSUE Vol.2』所収）

然な状態に戻す」ということ。

この「ゆがんでいたものをもとに戻す」とはどういうことか？

たとえば、人間関係のもつれで感情がゆがみ、気が病んでしまった時、古代ハワイでは霊能力を持ったカフナ[※]が感情の浄化をうながす様々な儀式を行ってきたと言われています。

日本の神道に残る祓いや禊とも重なり合いますが 人口が増えていくなかで、こうした個人に対する儀式よりも「家族が一堂に会し、話し合うこと」が問題解決の技法として広まっていきました。

つまり、腹を割って話し、内面にたまった感情を吐き出すことが癒しにつながる、こうした認識が共有されていたのでしょう。

西洋文化が浸透し、キリスト教の影響が増していくまでは、「話し合い」が感情の浄化の手段として活用されていたようなのです。


とはいえ、話し合いにそこまでの効果があるのか？ 話し合ったとしても解決できないことがたくさんあるのでは？

そんな疑問を感じた人もいるかもしれません。実際、話し合いで解決できないこ

※ 古代ハワイ社会における、その道の専門家。医師、神官、職人など、様々なカフナがいたとされる。

とはたくさんあるように映りますが、ここで注意したいのは「話し合い」と「討論」はイコールではないということ。

英語にすると、話し合いはダイアローグ（dialogue）、つまり、対話と言い換えられます。これに対し、討論はディベート（debate）。ディスカッション（discussion）もニュアンス的に近いでしょう。

いまの世の中では後者のような対決型コミュニケーションのほうが主流だと思いますが、難しいのは「討論で自分の意見が通せたとしても、相手とわかりあえるとは限らない」という点です。

わかりあえないどころか、しこりが残るかもしれません。恨みや怨念が残って、別の場面で足を引っ張られることもあるでしょう。

幸福学の研究者である前野隆司（まえのたかし）さんは、こうした討論の限界を打破するカギとしてダイアローグに注目し、その原風景は「火を囲んで皆で語り合った」古き時代にあったと語ります※。

そこで求められるのはロジックよりもフィーリングであり、フィーリングを前提にしたダイアローグは、「わかりあう」ことが目的です。うまく機能すれば、感情

※ 前野隆司・保井俊之『無意識と対話する方法～あなたと世界の難問を解決に導く「ダイアローグ」のすごい力』（ワニ・ブックス）

の解放にもつながるでしょう。

日本の社会は、こうした「古層の記憶＝古い時代のコミュニケーション」を失わずに保持したまま、古代から中世、近代、そしてグローバル化する世界へと飛び込んでいきました。

日本の和の文化、話し合いの手法は曖昧だと批判されがちです。実際、そういう面も多々あるでしょう。

でも、ディベートとの違いがしっかり認識でき、技法としてのダイアローグが使いこなせれば、それは新しいツールになりえます。わかりあうことそれ自体が癒しであり、幸福感につながるからです。

勝ち負けでは得られない領域にこそ、人と人をつなぎ、関係性をよみがえらせるカギがひそんでいます。

温故知新、まさにホオポノポノこそがダイアローグなのです。

4 聖なるコメの話

京都北部、丹後国の一の宮に、籠(この)神社と呼ばれる古い社があります。

その起源は古く、『古事記』の記述によると、祭神である彦火明命(ヒコホアカリノミコト)は瓊瓊杵命(ニニギノミコト)の兄にあたることになっています。

瓊瓊杵命と言えば、天孫降臨の物語の主人公で、天照大神(アマテラスオオミカミ)の命で日向の地（宮崎県）に降り立ったとされています。

朝鮮半島〜中国大陸との窓口である北九州ならばわかりますが、なぜ九州南部の日向が舞台になったのか？

ここで目を向けたいのは、大陸から伝わった稲作とのつながりでしょう。

稲作の技術は、かつては朝鮮半島ルートで大陸から伝わったと考えられてきましたが、近年の研究では、稲作の起源地とされる中国大陸の長江流域からの直通ルート、琉球列島など南方の島々からのルートと、いくつもの経路が想定されるようになってきました※。

ハッキリとわかっていないところもありますが、いずれも九州が最初の受け皿に

※佐藤洋一郎『米の日本史〜稲作伝来、軍事物資から和食文化まで』（中公新書）

なった点が共通しています。

おそらく、海の向こうから様々な稲作渡来民が渡ってきて、九州一帯を開拓していったのでしょう。こうした開拓民のなかで日向を拠点にしたグループが、のちに畿内に進出し、天皇家の祖になったのかもしれません。

ただ、畿内にすんなり入れたわけではなかったようです。『古事記』や『日本書紀』にも書かれているように、すでに別の開拓民グループが先住し、勢力を広げていたからです。

畿内に進出したのは瓊瓊杵命のひ孫である神日本磐余彦（カムヤマトイワレビコ）（神武天皇）で、神話では「神武東征」と呼ばれています。

一方、畿内の大和にはこの東征に最後まで抵抗した長髄彦（ナガスネヒコ）、伊勢には道案内を買って出た猿田彦（サルタヒコ）などが先住していましたが、籠神社の社伝には彦火明も丹後の地に降臨していたことが記されています。瓊瓊杵命と兄弟であったかはともかく、彼も開拓民のリーダー的存在だったのでしょう。

古来、日本海に面した京都の中部〜北部、さらに兵庫の一部にかけての一帯は、「丹波」と呼ばれていました。

“稲作開拓民”の系譜

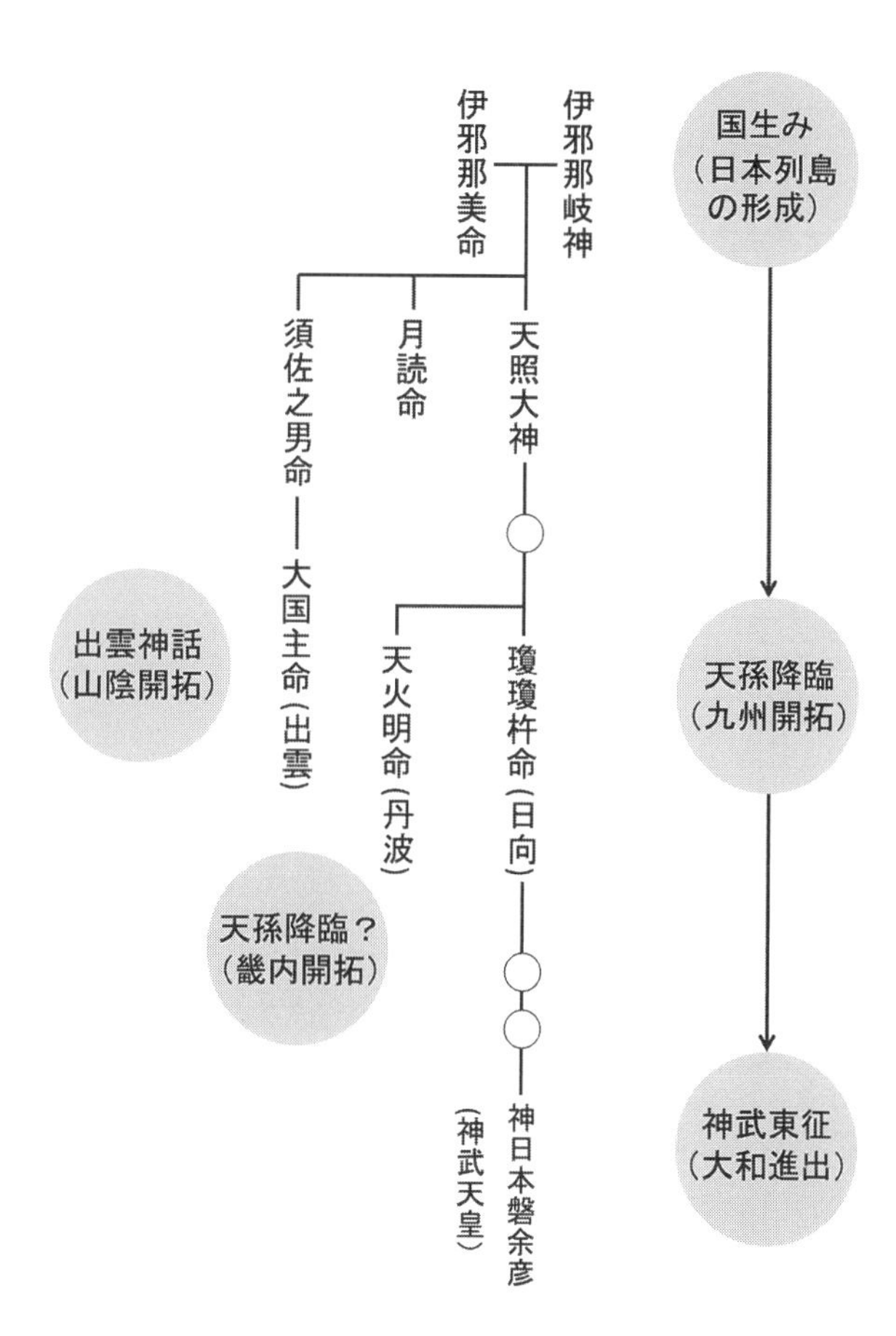

『古事記』の記述をもとに作成。系図にある天火明命は、籠神社の祭神・彦火明命と同一神と考えられる。

のちに丹波、丹後、但馬の３国に分割されますが、当初はこのかなり広大なエリアが一つのコミュニティとして認識されていたのです。

当時、これだけのエリアが一つにまとまっていたということは、おそらく畿内でも有数の開拓地だったからでしょう。

それは、丹波の語源が「田庭」とされることからも想像ができます。田んぼの庭……まさに一面に広がる田園風景が浮かんでくるように、コメとの結びつきは他の地域以上だったかもしれません※。

なにしろ、籠神社には「穀物の神様」である豊受大神（トヨウケノオオカミ）が祀られています。豊受大神というと、伊勢神宮の外宮（げくう）に祀られている神様として知られていますが、もとは丹波で信仰されていた穀物神で、雄略天皇の時代に伊勢神宮に迎え入れられたと言われています。

要は、丹波のローカルな穀物神が国の祭祀を司る社に迎え入れられ、時代とともに全国区の存在になっていったのです。

その意味では、籠神社に祀られる彦火明も相当な実力者だったのかもしれませんが、畿内で王権が確立する前の時代です。各地に大小さまざまなグループが土着し、開拓に勤しんでいたでしょう。

※ 丹後建国1300年記念事業実行委員会
『丹後王国物語～丹後は日本のふるさと』
（せせらぎ出版）

開拓地としての「丹波」

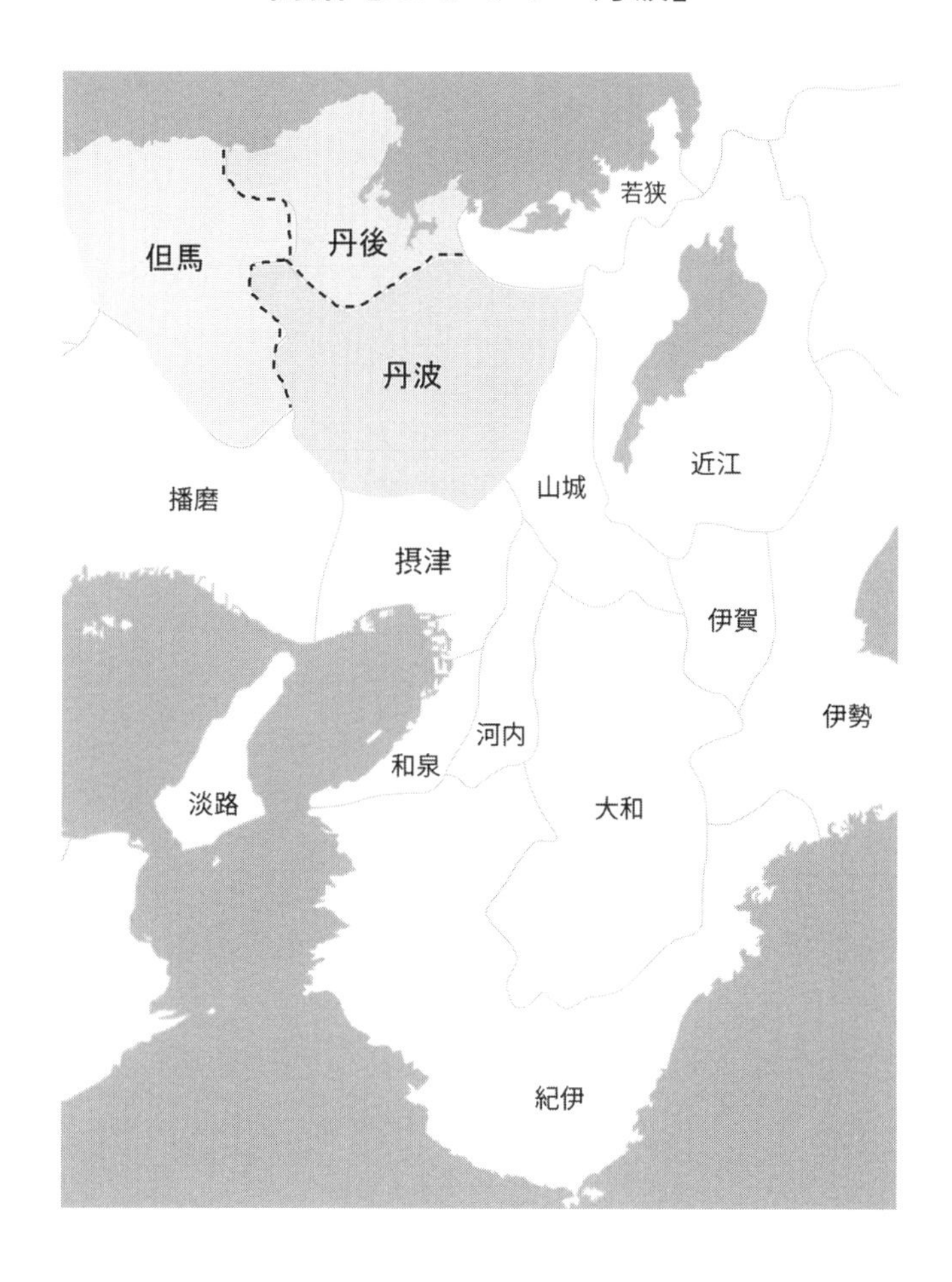

彦火明、長髄彦、猿田彦……こうした神話のキャラクターが実在したかどうかよりも、のちの天皇の候補者になるようなリーダーがたくさんいたという、この時代の歴史の大づかみな流れが重要です。

神話のなかには、縄文から弥生、古墳時代へと移り変わる、日本列島の国のあけぼのが描かれているのです。

稲作は九州から始まり、徐々に東へ、東へと広まっていきました。

一万年にも及んだという縄文人の暮らしがなぜ衰退し、その過程でなぜこうも急速に稲作が広まっていったのでしょう？

日本列島に住む人たちは、オーク（木の実）を主食にしてきたはずですが、それがなぜ稲作（農耕）に切り替わっていったのか？

環境考古学者の安田喜憲さんは、前述した花粉分析の結果をふまえ、約３２００年前を境に地球が寒冷化し、日本列島でもライフスタイルの転換が迫られたことを指摘しています[※]。

日本列島では、縄文時代の晩期にあたる頃です。

まず北緯35度以北の地域が寒冷化し、乾燥していた土地が湿潤化、湿潤だった35

※ 安田喜憲『縄文文明の環境』（吉川弘文館）。67ページ参照。

度以南が逆に乾燥化したといいます。それまで暖かかったところが寒くなったり、乾燥したり……安田さんは、こうした激しい気候変動を東アジアの民族大移動の歴史に重ね合わせます。

「気候変動によって北から民族が南下してくる。中国は大混乱におちいり、殷・周革命・春秋戦国時代の混乱期がはじまる。そのなかで、おそらくは社会的な動乱を逃れた人々が、国を脱出するためにボート・ピープルになり、これが初期の稲作をもたらしたのではないかというのが私の仮説である」※同

まさに「項羽と劉邦」の時代です。

食べられなくなることで動乱が起こり、そこに英雄が現れ、新たに食べさせる仕組み＝漢王朝がつくられていきましたが、そのからあぶれてしまった人たち、敗れて逃げる人たちもいたわけです。

そうしたなかに、最新の稲作技術を携え、日本列島にやって来た亡命グループもいたということでしょう。

日本列島も寒冷化のあおりを受けていましたから、従来のようにオーク（ドング

3200年前の気候変動と民族移動

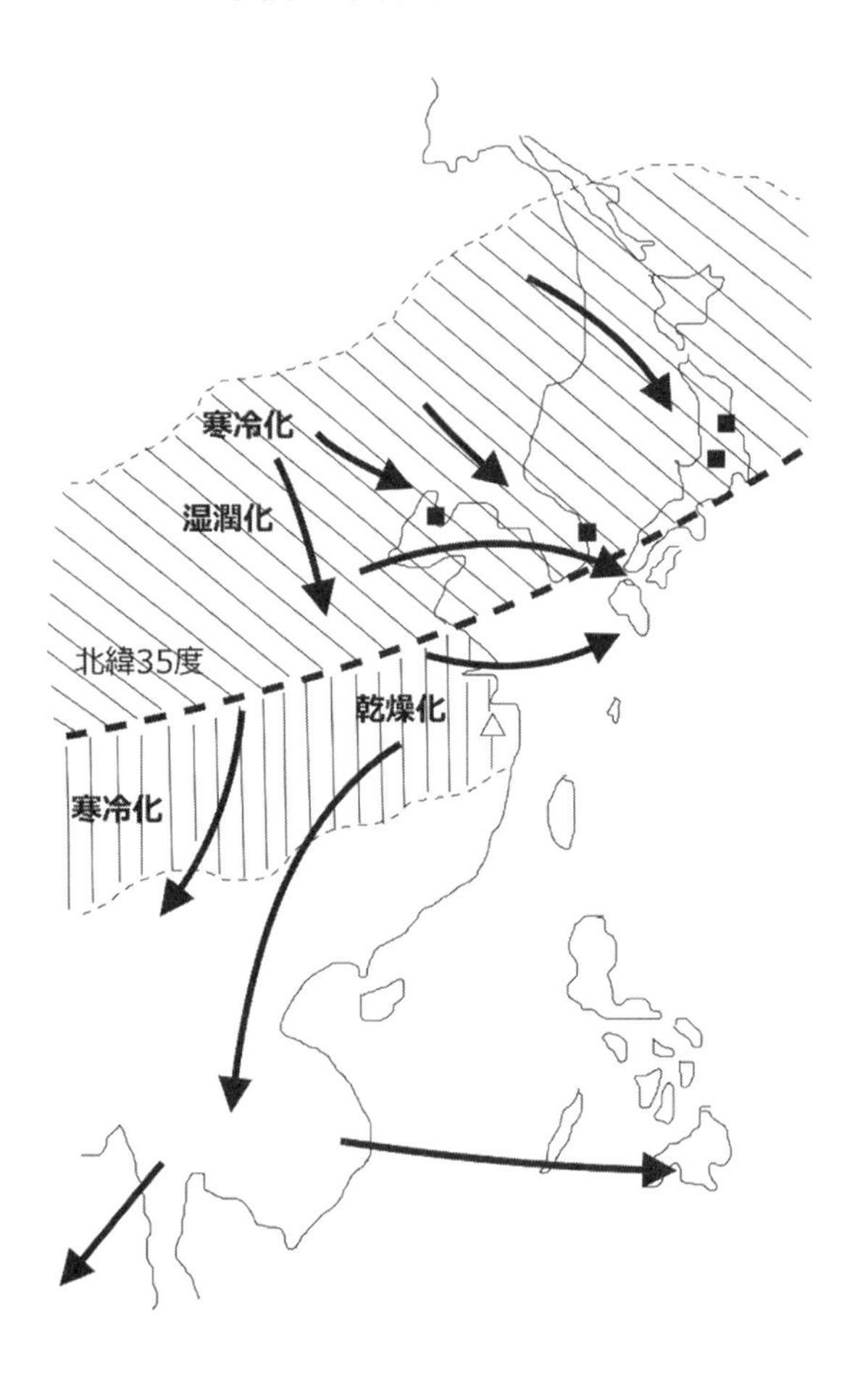

安田喜憲『縄文文明の環境』（吉川弘文館）、『文明の環境史観』（中央公論新社）をもとに作成。

リ）には頼れなくなっていました。気候変動は100年ほど続いたため、この間に徐々に稲作が広まり、ドングリからコメへ、ライフスタイルの転換を余儀なくされていっていったのでしょう。

縄文人の間で感染症（ATL）が蔓延していた可能性もあり、※寒冷化と疫病で弱っていた土着の人々にとって、新技術を持った渡来民の存在は希望の星だったかもしれません。

＊

ここで再び、籠神社に話を戻しましょう。

丹後の一の宮である籠神社は、古来、「元伊勢」と呼ばれてきました。元伊勢は、伊勢神宮が現在の地に創建される前、一時的に祀られていたという伝承を持つ複数の神社を指しますが、伊勢神宮は何と言っても、天照大御神を祀る日本の神社の総元締めのような社です。

政務の中心となった大和に創建できず、伊勢に落ち着くまでにも各地を転々とした伝承が残っているのはなぜなのでしょう？

※ コラム2「縄文人・意外と長生きで健康だった説」(100 ページ) 参照。

神話研究の第一人者であった松前健（まつまえたけし）さんは、伊勢に古くからあった太陽信仰に着目し、次のように指摘します。

「伊勢神宮が皇祖神とされる前に、この地方に古いローカルな太陽信仰があったらしいことは、いろいろの学者が論証しようとしている。二見ガ浦の輪（わ）ジメ縄や、神島の正月のゲーター祭り、グミの枝で作った日像（ひがた）の輪なども、みな太陽のシンボルであり、古い民俗行事と思われる。東南アジアや中国で、太陽にゆかりのある鳥とされている鶏が、神宮の祭りには、古くから重要な位置を占めていることなども、そうした証拠であろう」※

太陽信仰が縄文時代の頃から続いてきたことはすでに指摘しましたが、古代においても継承され、とりわけ伊勢では神宮が創建される以前からさまざまな習俗、祭事が続いてきたのでしょう。

いや、こうしたローカルな太陽信仰は、伊勢にとどまらず、畿内全域に広まっていたことが窺えます。

たとえば、どこまで関わりがあるかはわかりませんが、籠神社の祭神である彦火

※ 松前健『謎解き日本神話〜現代人のための神話の読み方』（大和書房）

明は「天照国照彦天火明命」、あるいは「天照国照彦天火明櫛玉饒速日命」といった別名を持っています。

そう、太陽神でもある天照大御神の名前が入っているのです。別の見方をすれば、古くからあった太陽信仰、穀物信仰を取り込み、天皇家は畿内の王権を固めていったことも考えられます。

それでもなお、先住グループの力が強かったため、地位は不安定で、長い間、祖先の祭祀すら満足にできなかった……伊勢に皇祖神が祀られた背景のひとつはそのあたりにあったのでしょう。

状況次第では、稲作開拓民の有力なリーダーであった丹波の彦火明が「天皇」になる可能性もあったかもしれないのです。

＊

古代の王権の確立には、こうした古い時代の太陽信仰に加え、「聖なる食」であるコメが深く関与していました。

政治の表舞台として知られる大和にしても、稲作に適した肥沃な土地であったため早くから開拓され、多くの人を養える場が整っていくことで、やがて政務の中心になっていったのでしょう。

いまとなっては想像しにくいですが、温暖だった縄文の頃は大阪湾が生駒山地の近くまで広がり、現在の大阪平野はほとんどが海でした。また、京都盆地の南、宇治川、木津川、桂川、淀川の合流点に巨椋池（おぐらいけ）という巨大な池があり、水上交通の要になっていました。

その南に広がる大和盆地の一帯は海からのアプローチも容易で、「倭（やまと）は国のまほろば」[※]という言葉そのままに、地質的にも沼地や湿原が点在する水耕に適した土地だったようです。

天皇家が進出する前、こうしたまほろば（すばらしい土地）に先住していた有力なリーダーとして、長髄彦の名を挙げました。ただ、大和にはそれ以上の大物がいたと言われています。

それが、物部氏の祖として知られる饒速日命（ニギハヤヒノミコト）です。

「ニギハヤヒノミコトは、物部氏の祖神とされている存在であるが、記紀においては、不思議なくらい、特別視されている。

※『古事記　景行天皇』、『日本書記・景行天皇（十五）』

中臣（なかとみ）、忌部（いみべ）、大伴（おおとも）などの諸氏族の祖神たちが、天孫降臨のときの随伴神として、一緒に天降っているのに対し、このミコトだけは、まったく皇孫と同じ程度の資格と権威をもって、皇孫よりも早く大和の地に天降っているのである」※

有力者であった長髄彦にしても、娘を饒速日に娶らせ臣従しており、東征してきた神武天皇に対し、「天つ神の子がどうして二人いようか」と饒速日の正統性を主張しています。

そればかりか、敗者になったにもかかわらず、その子孫である物部（もののべ）氏は政権の中枢を担い、蘇我（そが）氏に敗れる6世紀後半まで勢力を保ちます。饒速日の血脈が隠然と影響を残し続けるわけです。

こうした饒速日の伝承は、通常であれば敗者の記録として骨抜きにされてしまってもおかしくはありません。

実際、詳しい事績はほとんど残されていませんが、なぜ右のように妙な優遇がなされているのでしょうか？　松前さんは、「あまりにも畿内地方に古くから広く知られていた神話であって、（中略）これを無視することができなかったのであろう」※同

※ 松前健『謎解き日本神話〜現代人のための神話の読み方』（大和書房）

と語っています。

物部氏というと「蘇我氏と対立して滅ぼされた一族」という側面がクローズアップされがちですが、畿内では天皇家よりも家柄が古く、臣従して以降もかなりの実力を有していたのでしょう。

こうした饒速日＝物部氏の実力は、畿内有数の開拓地であった丹波とのつながりからも推察できます。社伝に残された彦火明の別名（天照国照彦天火明櫛玉**饒速日**命）にも「饒速日」の名前が出てくるからです。

饒速日という固有名詞が出てくる以上、もしかしたら饒速日と彦火明は同一人物だったのかもしれません。あるいは、同じ開拓グループの有力者として連携していた可能性もあるでしょう。

このほかにも、大阪と奈良の境界にある磐船（いわふね）神社には、饒速日が河内（大阪府）に降臨したという伝説が残されています。

縄文の頃は海だった河内も、海岸線が徐々に後退して潟になり、古代には湖に変わったと言われています。

のちに干拓が進み、平野に変わっていったことを考えると、この一帯も開拓地としては格好の土地だったはずです。

コメをめぐる畿内の覇権

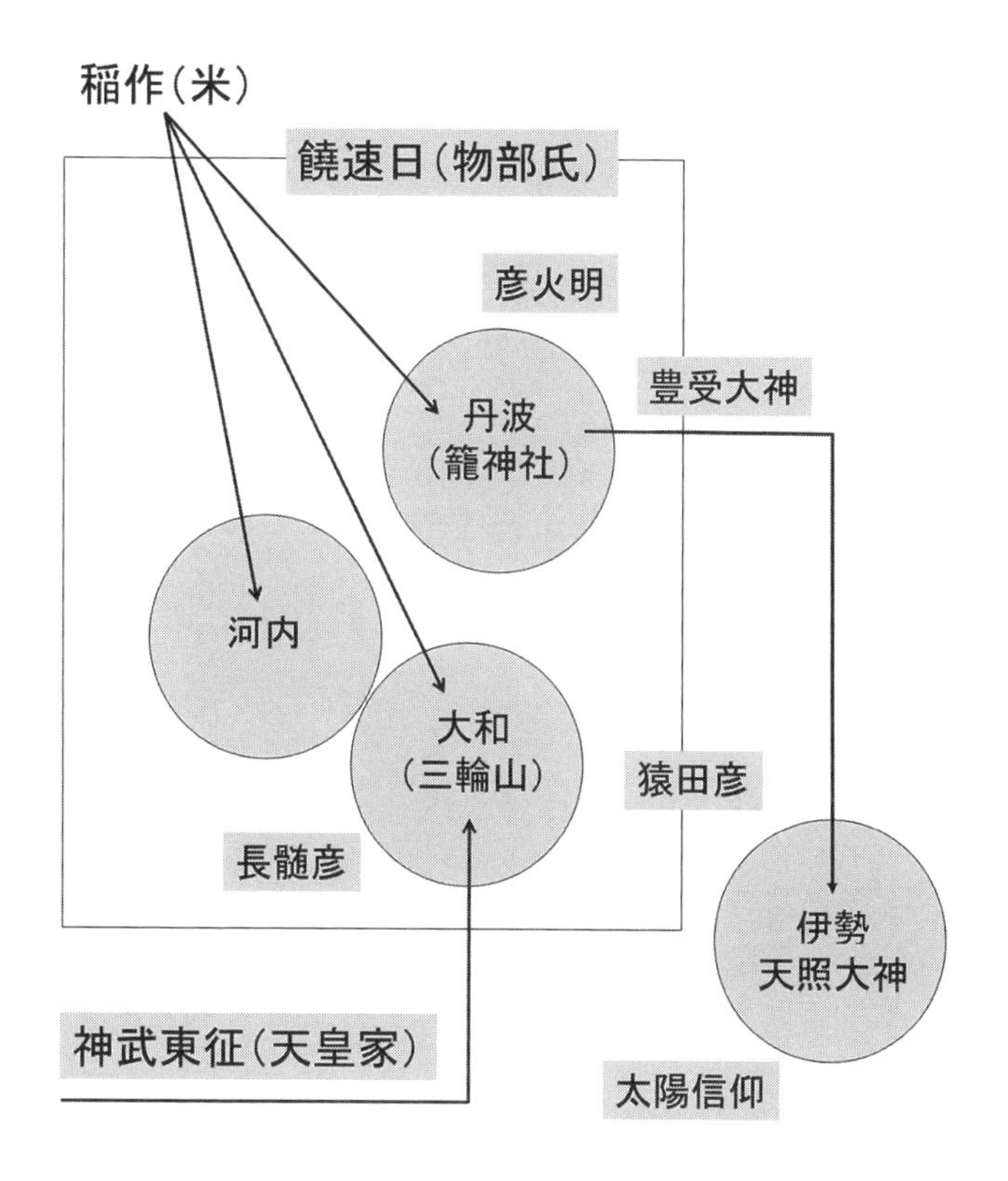

こうした点をふまえると、京都北部から奈良、大阪……つまり畿内一円に農耕開拓民（彦火明、あるいは饒速日）の一大勢力が形成され、それが古代の王権の素地になっていた可能性も見えてきます。

そこに後発の開拓民グループ（神武天皇）が割り込むことで争いが生まれ、最終的に勝者になった……このあたりが日本列島に国が成立した頃のラフスケッチになるかもしれません。

*

日本列島は全土にわたって満遍なく森に覆われていますが、東と西とでは植生がかなり違っています。

縄文文化を生み出したブナの森は落葉広葉樹の森で、高山が多く、雪がよく降る東日本を中心に広がっていました。

一方、西日本を中心に広がっていたのは照葉樹林です。

こちらも広葉樹の仲間ですが、シイ、カシ、クスノキのように葉が艶光りした常緑樹で、食用に適した木の実はそれほど採れません。鬱蒼としていて、人が住みやすい環境とは言えなかったようです。

縄文人が東日本に多く暮らしていたのは、住み心地がよく、木の実が多くなる落葉広葉樹＝ブナの森が広がっていたからだと言えますが、寒冷化はそうした彼らのライフスタイルにも影響を及ぼしました。

おそらく、３０００年ほど前を境にじわじわと食糧不足に陥る機会が増えていったのでしょう。もちろん、彼らは木の実ばかりに依存していたわけではなく、縄文中期からイネ、ヒエ、アワ、キビなどの栽培が始まっていました。ただ、その頃は稲作は陸稲が中心で、多くの人口が養える水稲耕作が本格導入されるようになったのは縄文晩期の頃だと考えられます。

稲作（水稲耕作）を受け入れるかどうか？　どの時代であっても、食べることは生命に関わる重要事項ですが、日本列島ではそれが異なる文化の融合を生み出す契機になっていくのです。

たとえば、長野の諏訪（すわ）地方は縄文中期（５５００～４５００年前）の遺跡が密集する一大エリアでしたが、後期～晩期にかけてその数は減っていき、徐々に稲作文化が入り込んできます。

日本列島の植生

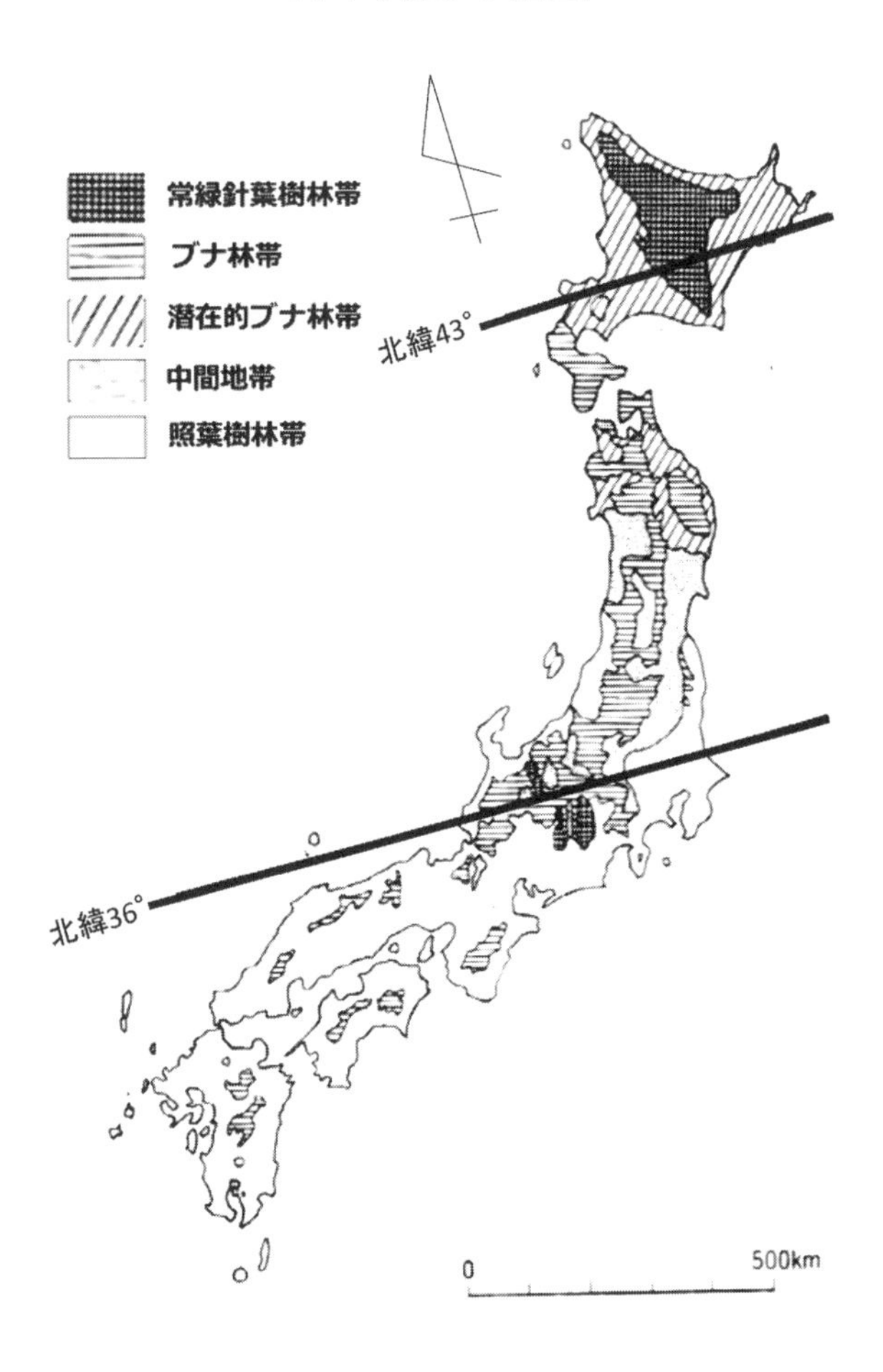

市川建夫『ブナ帯と日本人』（講談社）をもとに作成。

といっても、縄文の文化が完全に失われたわけではありません。

宗教人類学者の中沢新一(なかざわしんいち)さんは、諏訪に古くから伝わる「ミシャクジ」と呼ばれる特有の信仰に着目し、「縄文文化と弥生文化が混合して新しい信仰形態が生まれた」と指摘します。

諏訪大社の祭祀が浸透するなかで、古い時代の信仰が抑圧されることなく、ずっと残り続けたというのです。

「ミシャグチは諏訪信仰の世界では、村はずれの境界に祀られているわけでなく、そこになんらかの差別の感情や思考がまつわりついているわけでもなく、むしろ堂々と人々の中心に位置していた神なのである」※

諏訪大社に祭神として祀られているのは出雲からやって来た建御名方神(タケミナカタノカミ)ですが、上社の神官である諏訪氏の補佐役は守矢(もりや)氏が務めてきました。この守矢氏が祀っていたのがミシャグチなのです。

建御名方神の子孫である諏訪氏が稲作開拓民のリーダーであったとすれば、守矢氏は古い縄文文化を守る地域民の代表。諏訪では両者が折り合いをつけながら、歴

※ 中沢新一『精霊の王』(講談社)。ミシャグチのほかに、ミシャクジとも発音する。

史が刻まれていったのでしょう

そもそも、諏訪大社は上社と下社に分けられますが、農耕にまつわる祭事の多い下社に対し、上社は狩猟民的な祭事が色濃く残っています。

日本列島の東西の境目にあたる中部日本の諏訪には、縄文と弥生が融合した痕跡が色濃く残されているのです。

＊

のちの時代、権力の主流から外れた皇族が都落ちし、地方の開拓民として再起を図り、武家の勢力として台頭していきます。

源氏と平氏がその代表ですが、時代は違えど、彼らの実態も農耕開拓民のリーダーであり、その一部は関東に進出していきます。やがて勝ち残った源氏が鎌倉に幕府を築き、以後７００年続く武家政権の礎となりますが、彼らはなぜ関東に土着したのでしょうか？

いろいろな背景がありますが、一つ言えるのは、関東平野の一帯がまだ十分に開拓されていないフロンティアだったからです。

諏訪の「二重構造」

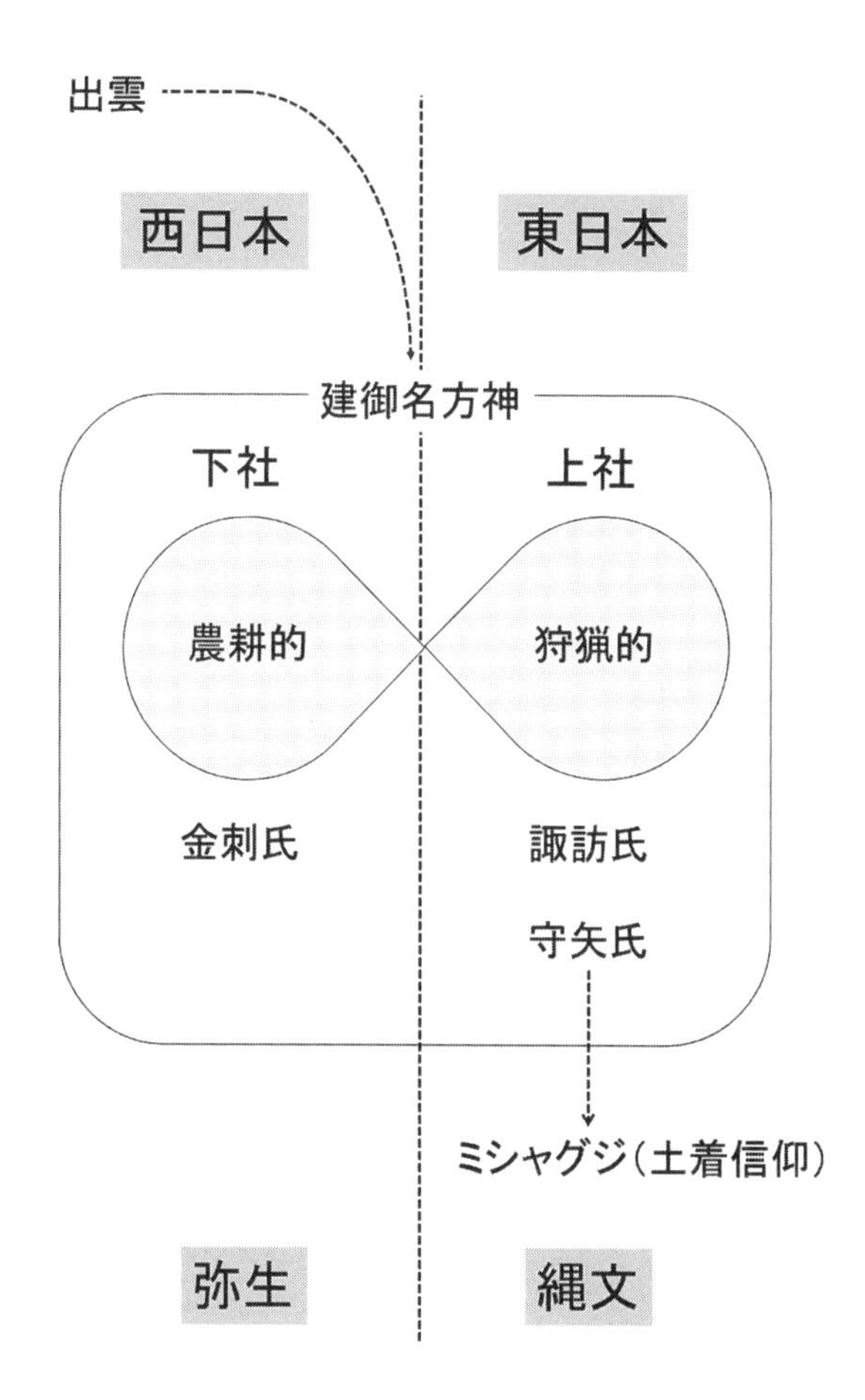

事実、東へ東へと広まっていった稲作は、植生が変わる中部日本のあたりから伝播の速度が弱まり、停滞しはじめます。縄文時代が終わって弥生時代が始まったという単純なものではなく、以後、日本列島では西と東にふたつ国があるような状況がずっと続くのです。

日本列島に特有な二重構造の一端と言えますが、その影響はもちろん食の世界にも及んだでしょう。

信州学を提唱した地理学者の市川建夫(いちかわたけお)さんは、前述した東日本のブナ林文化と西日本の照葉樹林文化を対比させつつ、食における二重構造を「コメとヒエの対立」として描きます。

「中世以降、東日本の平坦部でも稲作が発展し、照葉樹林文化が定着した。しかし東北地方や中央高地の山間部など、気候的に照葉樹林文化を受容できなかった所では、ヒエ、ソバなどの栽培を中心としたブナ林文化複合を伝えていた※」

稲作の文化が徐々に東へ広まっていく過程は、大和朝廷の勢力圏の拡大と重なり合いますが、稲作が関東に普及したのは鎌倉時代に入って以降だと言われています。

※ 市川建夫『ブナ帯と日本人』(講談社)。文化複合とは、相互に関連性が見出せない複数の文化要素が同一の領域に分布する場合、それらが一緒に伝播したととらえる概念。

中部日本の山間部に至っては、戦後になって以降もソバを主食にしてきたところが多かったようです。

縄文の香りを残す食文化は、そのままそこで暮らす人たちのライフスタイル、コミュニティ、政治のあり方にもつながり、長期間にわたって「もうひとつの日本」を成り立たせてきました。

歴史的によく知られているのは、平安時代後期にあたる11〜12世紀、東北の覇者として君臨した奥州藤原氏の存在でしょう。

「東北地方のブナ林帯には稗（ひえ）作を中心にした農耕文化が続いており、そこには大和朝廷に属さない独自の政権が成立していた。その最後の政権が、清衡（きよひら）・基衡・秀衡・泰衡の藤原四代である。彼らは大陸から仏教文化を直輸入して絢爛（けんらん）たる平泉文化を築いていた。その物質的基盤になったのは金や鉄などの鉱産物や馬産であったが、彼らの主要な食糧源はヒエであった」※同

中央の稲作文化に抵抗した奥州藤原氏は、もうひとつの日本の象徴として輝きを残しますが、最後は源氏に攻め滅ぼされます。

市川さんは「雑穀と比較するとカロリー換算で3～5倍以上に達する」という米の生産性に着目し、奥州藤原氏の敗北は、コメとヒエの生産力の差から生まれた地域格差にあると語ります。

ただ、彼らを滅ぼした源氏も中央から離反した関東の開拓民であり、中央と辺境、日本列島特有の二重構造は残りました。その意味では、縄文のスピリットは武士たちに受け継がれたのでしょう。

なお、この二重構造の相克を、敗者となった奥州藤原氏の視点からつづったのが、高橋克彦さんの小説『炎立つ(ほむらたつ)』です。[※]

『将門記』『陸奥話記』にはじまり『平家物語』『義経記』にいたるまで、二重構造の敗者の側に立って歴史を描くのは日本の軍記物の真骨頂ですが、それは過去の話にとどまりません。

同作はその韻を踏み、もうひとつの日本のすがたを描き切っています。

＊

物語の舞台を少し古い時代、国の黎明期に戻しましょう。

※ 高橋克彦『炎立つ　巻壱・北の埋み火～巻伍・光彩楽土』(講談社)

縄文社会の小さな和が大きな和に統合され、古代の大和国家が成立していく過程で展開されていったのは、コメという作物が不思議なほどに強い力を持つ、古代アジアでも特異なシステムでした。

事実、日本の食文化からコメは切っても切り離せません。

ご飯と言えばコメが思い浮かびますし、過去に比べて消費量が減ったとはいえ、いまも主食として多くの人が口にしています。コメの自給率にかぎっては95パーセント、ほとんどが国産です。

そこまでコメが重視された理由は、どこにあるでしょうか?

食文化研究の第一人者である石毛直道（いしげなおみち）さんは、広くアジアを見渡しつつ、「この地域で栽培された作物のなかで、単位面積あたりの収量が最大なのがイネなのである」※と、まず収量の多さを語ります。

また、コメとコムギのタンパク質の量を比較しながら、必須アミノ酸のバランスではコメのほうがはるかに優れている点を指摘します。

「副食物なしで、人体を維持するための蛋白質を米からだけで摂取するとしたならば、体重70キロの人は調理しない状態での米を一日約0・8キロ食べなくてはなら

※ 石毛直道『日本の食文化史〜旧石器時代から現代まで』(岩波書店)

ない。（中略）
それにたいして、（中略）コムギでつくったパンだけを食べると仮定した場合は、約3キロ摂取しなくてはならない。それだけの質量のパンはかさがおおきく、胃袋の容積を超えている」[※同]

そのためパンの場合は、必須アミノ酸を肉・ミルク・乳製品などから摂る必要が出てきますが、コメに関してはカロリーもタンパク質もかなりの割合で補うことができます。「じゅうぶんな量の米さえ確保できれば、食糧問題の大半が解決できる」[※同]わけです。

つまり、生産性が高く、栄養価が高い……それゆえに主食と呼ばれるまで普及ていったということですが、こうしたカロリーや栄養素だけがコメが尊ばれる理由だったのでしょうか？

おなじ稲作文化を享受するアジアのなかでも、日本には尋常ではないコメへのこだわりが見え隠れします。

なぜか？　**コメは食糧であると同時にお金でもあったから**です。

前述したように、稲作は中国の長江流域で生まれ、アジアの各地に伝わっていったことが明らかになってきました。

その結果、中国や朝鮮でも、東南アジアでもコメが食されてきましたが、貨幣にまでなったのは日本だけです。いや、小麦やトウモロコシが貨幣として用いられたという話だって聞いたことはないでしょう。

とはいえ、それはわれわれがイメージしている「交換手段としてのお金」とイコールとは言えません。本来、お金は物流における交換手段ではなく、神様へ捧げる供物としての性質を持っていたからです。

日本列島に暮らす人にとって、ある時期からコメがその意味でのお金、つまり聖なる捧げものとして機能しはじめたのです。

＊

コメとお金のつながりについてさらに考えてみましょう。

経済人類学者の栗本慎一郎さんは、お金（貨幣）の起源は「贈与に対する返礼＝支払い手段」にあったと語ります。

古代社会では、王は集めた富を民衆に再分配する義務を負い、それゆえに宗教的権威を保っていました。要は、「与えることで相手を圧倒し、権威を得る」わけですが、与えられた側はそのままでは立場が不安定になってしまうため、受け取った負荷を払いのけようとします。

「この払いのけ、支払いは、宗教上、神に対する債務を祓いきよめるお祓いと同根だ。(中略)だから、貨幣的物在が登場したとき、間違いなくそれはまず支払いの手段である※」

神様に祈りを捧げるということは、それを権威と認め、祈ることでなんらかの恩恵を得ることを意味します。

その受け取った恩恵に対する支払いの手段として、それぞれの共同体の中で通用する物在が貨幣(供物)として用いられました。近代社会のように、お金が市場(流通)とすぐに結びつくわけではなく、人類の歴史を通じ、それはむしろ特異なことだったと言えるのです。

ともあれ、支払い手段としての貨幣が登場しました。

地域によって貝であったり、魚のキバであったり、穴の開いた平たい石であった

※ 栗本慎一郎・編著『経済人類学を学ぶ』(有斐閣)

り……さまざまなバリエーションがありましたが、日本ではそれが稲束＝コメであったということです。

天皇家は、この「聖なる食」を管理することで権威を保ってきたと言えますが、ではなぜコメだったのでしょうか？

まず浮かび上がってくるのは、全体の総意でしょう。

時の為政者が強大な権力を持っていたとしても、それだけで社会システムが動き出すわけでは必ずしもありません。コメが貨幣（＝供物・支払い手段）になるには、ある一定規模のコミュニティのなかで「コメは聖なるものだ」という価値の共有が必要になってくるからです。

つまり、日本列島に住み着いていた人たちがコメを選んでいるはずなのです。

＊

こうした総意のベースにあるのは、端的な言い方が許されるならば、そこに住む人たちの感性でしょう。

コメを聖なる食と見なし、その後、江戸時代にいたるまで経済の基軸にまで置いてきた……その感性は何に由来するのでしょうか？

ここで再び、丹後の籠神社の話に戻りたいと思います。

籠神社というネーミングに初めて接したとき、もしかすると「おかしな名前だな」と思ったかもしれません。

社伝によると「彦火明命が、竹で編んだ籠船に乗って海神の宮（龍宮、常世）に行かれた」という故事が由来だということですが、日本語には二重三重の意味が重ねられることがあります。

たとえば、「籠」という字を辞書で引くと、「籠る＝気体などが満ちる」といった意味が出てきます。籠神社の祭神が穀物の神＝豊受大神であることをふまえると、種に宿った生命、エネルギーが重なり合うでしょう。

そもそも、コメという言葉自体、一般に使われるようになったのは平安時代以降と言われますが、ここにも「籠める」「籠る」という意味が含まれていると言われています。[※] 何が籠っているのかと言えば、それはやはり生命であり、エネルギーと言うほかありません。

また、そのエネルギーを表す「気」という文字にしても、もともと旧字では「氣」と表記されていました。

※ 山口佳紀『暮らしのことば・語源辞典』（講談社）

米粒が四方に広がるイメージを表しているとされますが、こちらも種から放出されるエネルギーと重なります。要するに、古代の日本では、ムギ、ヒエ、アワ、キビ、ソバ……さまざまな穀物のなかでも、とりわけコメが「氣の高い作物」と見なされていたのでしょう。

丹波の地ではコメに籠ったエネルギー、つまり生命力がことのほか尊ばれ、それが神社の名称につながったのかもしれません。

こうしたコメに籠められたエネルギーは、古来、稲霊（いなだま）と呼ばれてきました。前述の石毛さんによると、「稲粒に霊力が宿る」という信仰は広くアジアの国々に浸透していた観念だといいます。

こと日本列島では、それが強く共有されていたのでしょう。籠神社が元伊勢と呼ばれていたように、天皇家が儀式として取り入れる以前から開拓民の間で共有されてきた感覚であったと思われます。

「古代における天皇は、神聖王としての性格をもち、神道の最高の司祭としての役割をになっていた。天皇が交代したさい、あたらしく即位した天皇が最初に挙行する宮廷儀礼としてのイネの収穫祭は『大嘗祭』（だいじょうさい、おおにえのまつり）とよばれる。それは、天皇に神聖な力を付加する不滅の霊力を、あたらしい天皇に移し替える儀礼である。死亡や老齢のために交代せざるをえなかった前代の天皇のもとで、霊力は衰弱している。そこで、最初の収穫祭のとき、あたらしい天皇は、その年あたらしく収穫された米を食べ、あたらしい米でつくった酒を飲む。そのことによって、稲霊という米の穀霊にもつ力が天皇に宿り、神聖王としての霊力が強化されるとしたのであろう」※

天皇自身がシャーマンであり、神主であったわけですから、実際に霊力に秀でていなければリーダーにはなれません。

そもそも、アニミズムの世界の住人だった縄文人にとって、種に霊力を感じとることなど、なんら不思議なことではなかったでしょう。現代に生きるわれわれにとって、そこは異次元なのです。

コメを栄養素のみでとらえる発想から、まず離れなければなりません。ピンと来ない人もいるかもしれないので、少し視点を変えてみましょう。

先ほど「コムギよりもコメのほうが必須アミノ酸のバランスに優れていた」とい

注 石毛直道『日本の食文化史〜旧石器時代から現代まで』（岩波書店）

「コメ／天皇」の背後にあるもの

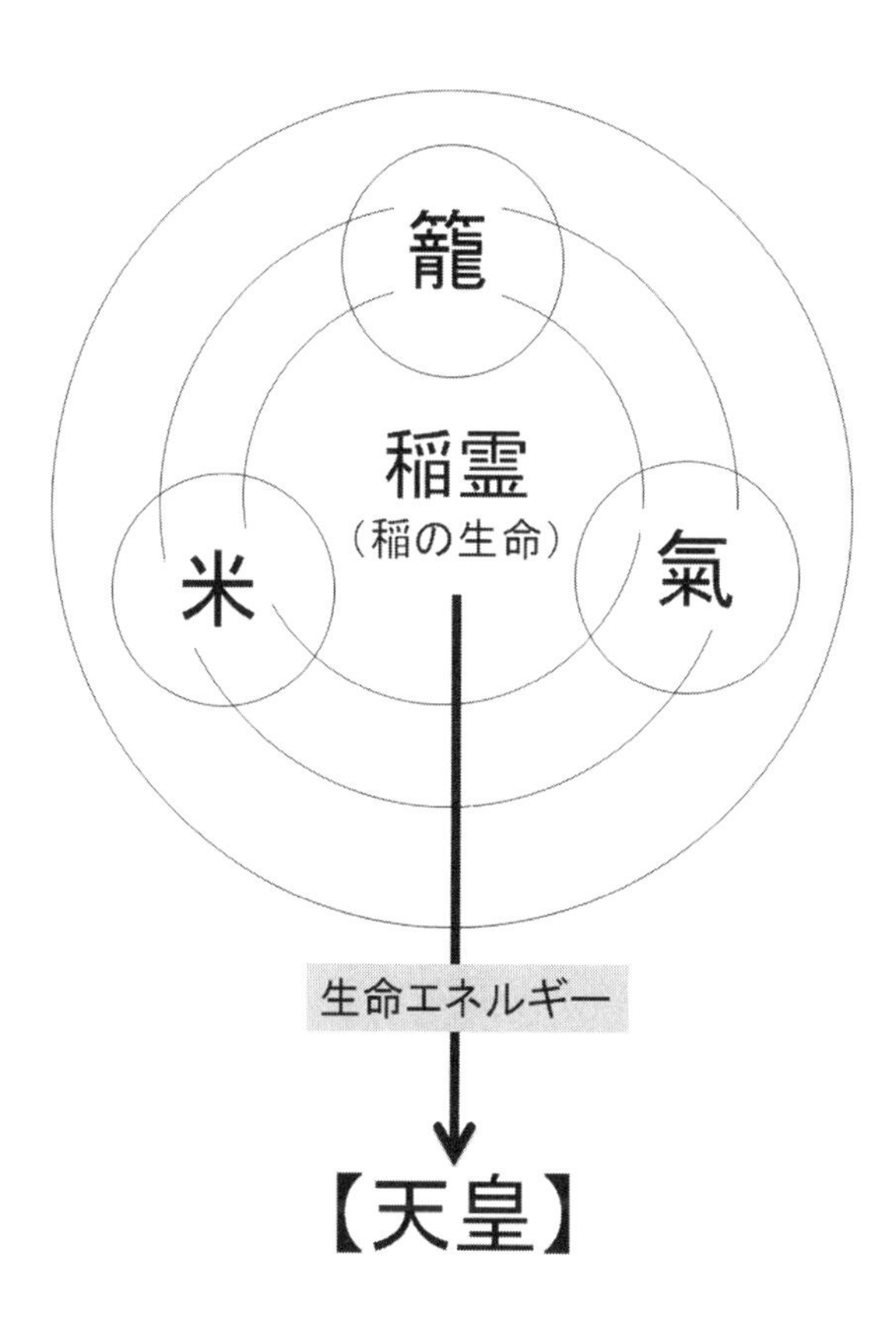

いましたが、その背後には風土の違いがあります。

それぞれの風土を代表する作物としてコメがありヒエやソバがあり、オオムギ、コムギ、トウモロコシがあったわけです。

こうした食べ物と風土の関わりについて、管理栄養士の幕内秀夫（まくうちひでお）さんが次のような指摘をしています。

「人が食べるものは、基本的には『動物』か『植物』のどちらかです。

ご飯は植物ですし、野菜や果物も言うまでもなく植物。これに対して、肉やチーズなどの乳製品が動物ということになりますが、植物が育たない地域が食を動物性に頼るのは当たり前です。

要するに、生活するのに厳しい環境ほど動物性食品になるのです※」

肉食と菜食のどちらが優れているかという話ではなく、そこには風土という大前提があったということでしょう。

日本列島より高緯度にあるヨーロッパでは、温帯で育つコメではなく、寒冷な気候でも育つコムギを栽培してきましたが、それでは多くの人口が賄えず、牧畜（肉

※ 幕内秀夫『日本人のための病気にならない食べ方』（フォレスト出版）

食）を併用させていました。

事実として、植物（コムギ）の持つエネルギーだけでは生存が保てなかったため、肉食が必要だったわけです。

一方、日本列島ではコメという作物のエネルギーが高かったため、それで十分に人口が養っていけた、だからこそ、聖なる食として大事にされ、食文化の柱＝主食になっていったのでしょう。

ここでいうエネルギーは、カロリーや栄養素だけでは括れない、それらも含めた食べ物の生命力のようなものです。

生命力が高いかどうか？ それを決めるのは食べ物自体ではなく、その食べ物を生み出す風土であり、空間です。幕内さんが語っているように、まさに「風土はフード（FOOD）」なのです。

現代に生きるわれわれは、食べ物の評価を栄養素や収穫量で測ろうとしますが、古代人には古代人の価値尺度があり、そのモノサシのなかで、コメは「聖なる食」と尊ばれてきたはずです。

＊

ここまでの話をいったん整理してみましょう。

幕内さんにインタビューをした際、「日本という国の風土を成り立たせてきたものは何だと思いますか？」と尋ねたところ、しばし熟考されたのち、「水と塩ですよ」と答えられました。

「この二つが安定的に満たせる国は、そうはありません。四方が海に囲まれている日本は塩が採れ、水は水害が起きるほど豊富です。たまに干ばつがあったとしても、飲用に耐えうる水がこれだけ手に入るのは稀有なことです。

また、田に水を張ると上から下へ流れていきますから、畑作と違って、人と人のつながりがないと成り立ちません。それがいろいろな意味で日本人の性格形成に影響を与えてきたのでしょう※」

幕内さんは水田を「世界最高の食糧生産システム」といい、「先人たちが水田で米をつくろうとしたこと、ここに水利、土木、天文など英知を結集していくなかで歴史が育まれてきた」と語られました。

※ 幕内秀夫インタビュー（インターネット「Bio & Anthropos」所収）

コメの背後には豊富な水があり、天然の漁場であった海は塩をつくり出す生産地としても機能していました。

このようなきわめて恵まれた環境のなかで聖なるコメは育まれ、日本人の生き方、考え方の核になっていったのです。

豊かな水が森を生み、植物中心の食文化が成り立ち、そのなかで水稲耕作が発展し、ここに海の恵みである塩が加わることで生命を養う基礎ができあがります。神棚のお供えの基本が「米・水・塩」である理由も、それが日本人にとって生命の糧だったからでしょう。

つまり、「米・水・塩」が日本人にとっての食の土台。

外国人に「日本食とは何か?」と問われたら、この3つをまず挙げ、「SHINTO FOOD」とでも呼べばいいかもしれません。

なお、これらの食の土台を生存の基礎とした場合、その上に風土の産物を加工した「だし」や「発酵」が、さらにはその土地で採れた「魚」や「野菜」が積み重なっているのが日本食の構造と言えます。

「米・水・塩」が生存の基礎だとしたら、「だし」には五感を磨き、感性を高め

「日本食」の構造

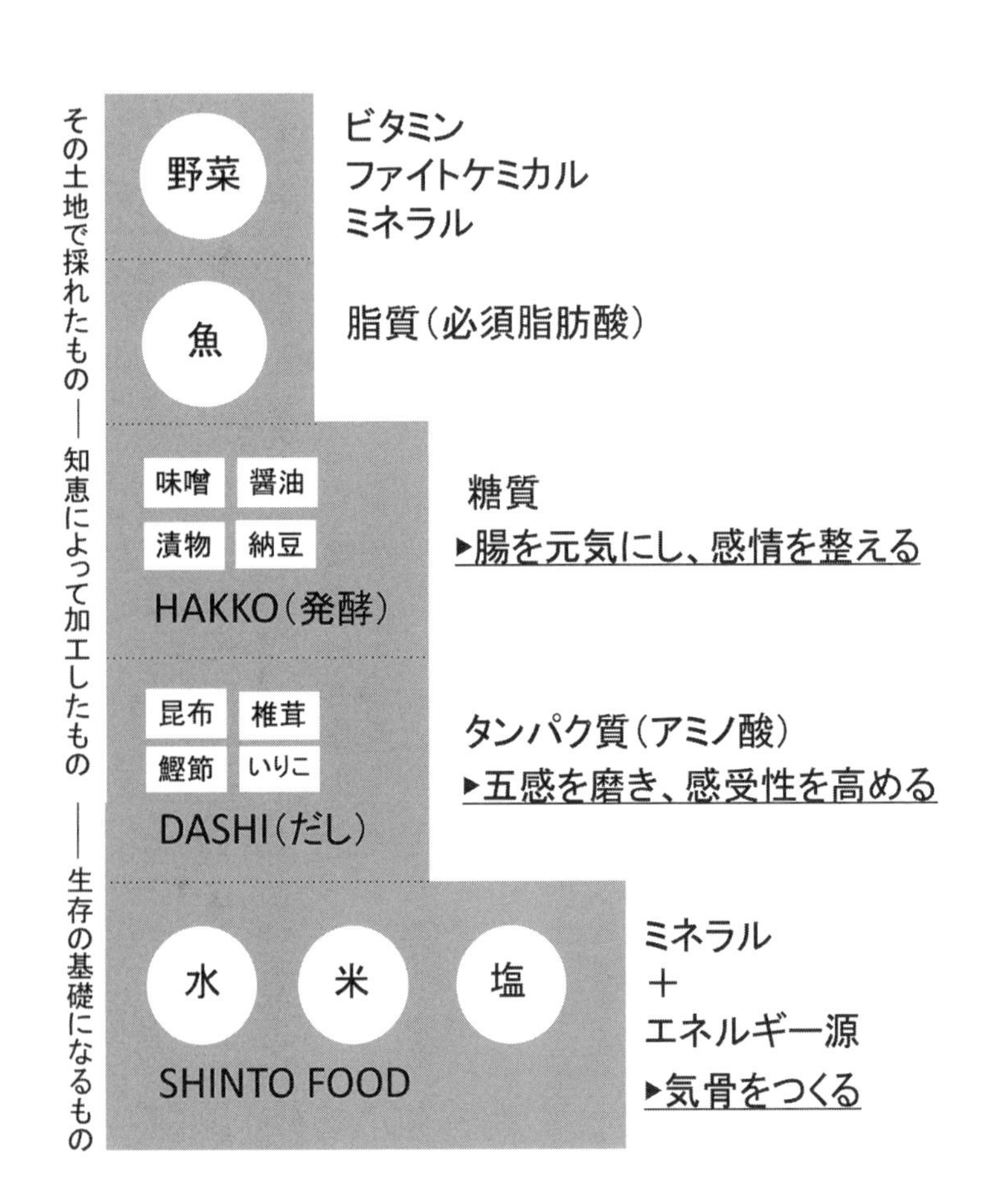

その土地で採れたもの——知恵によって加工したもの——生存の基礎になるもの
野菜
ビタミン
ファイトケミカル
ミネラル
魚
脂質(必須脂肪酸)
味噌
醤油
漬物
納豆
HAKKO(発酵)
糖質
▶腸を元気にし、感情を整える
昆布
椎茸
鰹節
いりこ
DASHI(だし)
タンパク質(アミノ酸)
▶五感を磨き、感受性を高める
水
米
塩
SHINTO FOOD
ミネラル
+
エネルギー源
▶気骨をつくる

る役割が、「発酵」には腸を元気にし、感情を整える役割があり、「魚」から必須脂肪酸、「野菜」からビタミンやミネラル、ファイトケミカルが補うことができれば、栄養補給の面でも充実します。

聖なるコメは１０００年あまりの歳月をかけて風土に溶け込み、固有の食文化を下支えしていくことになるのです。

COLUMN 4
稲妻と生命エネルギー

コメが日本人の聖なる食となった背景には、さまざまな自然のエネルギーが関わっていました。

その象徴のひとつとして神鳴り、つまりは雷が挙げられます。

雷は稲妻とも呼ばれてきましたが、ここに稲という語が出てきます。一般には、秋口に稲妻の多い年は米の豊作につながることから、稲の妻（配偶者＝欠かせないもの）という言葉が生まれたようです。

でも、なぜ稲妻が豊作につながるのでしょうか？

ハッキリわかっていないところもありますが、雷のもとになるのは雲を構成している水滴の粒がこすれあって生じる静電気で、雲のなかに一定量たまると、やがて地上に向かって解き放たれます。

この放電作用が雷になりますが、ここでマジックが起こり、放電の影響で大気中の窒素と酸素が結びつきます。それが雨と一緒になって土壌に溶け込むことで、作物の肥料になるとされているのです。

こうした大気中の窒素から肥料のもとになる物質（窒素酸化物）がつくりだされる現象は「窒素固定」と呼ばれています。

空気中の窒素を取り込む根粒菌の働きは広く知られていますが、雷が同じ役割を果たしているのは驚きです。われわれの常識に照らし合わせたら、無から有を生み出すマジックそのものでしょう。

雷は世界のあちこちで見られますが、日本列島のようにその先に水田がある舞台設定は、植物の生育に最高の場と言えます。一面に広がる水田が、窒素固定を起こす装置になっていたのです。

これに関連してもうひとつ面白いのは、細胞のなかでもたえず放電作用＝雷が起こっているという点です。

その舞台となるのは、細胞内のミトコンドリアです。

ミトコンドリアの研究者である太田成男（おおたしげお）さんは、ミトコンドリアが水素や電子を生み出しながら活動エネルギーを生産していくプロセスは、「宇宙からみた雷とそっくり」と語っています。

「ミトコンドリアでも局所的に電子がたまると放電（電子の放出）がおき、活性酸素となるのです。ほんとうにソックリです※」

そもそも稲妻は、生命誕生の重要なキーとして知られています。

いまから38億年前。雲間から絶え間なく発生する雷の電気エネルギーが大気中の水、メタン、アンモニアなどと反応し、生命に必要なアミノ酸や核酸などがつくられたと考えられているからです。

ミトコンドリアの場合、エネルギー産生によって生じた活性酸素は、蓄積されると細胞自身を傷つけ、酸化させます。

それは原子力が生じる際の放射性廃棄物のようなものですが、細胞は自らを守るため、酵素の力で活性酸素を絶えず除染しています。それは抗酸化と呼ばれていますが、細胞内の放電で生み出されるエネルギーがいかに強大か、それだけでも想像できるでしょう。

稲もまた、雷という電子エネルギーによって生命力を倍加させ、聖なるコメとしての価値を高めてきたのかもしれません。

※「宇宙の渚とミトコンドリアの渚」（ブログ『太田成男のちょっと一言』2011年11月16日掲載）

なお、稲妻の放電の際に生じる窒素固定は、前述したように、大豆に共生している根粒菌が行っていることでも知られます。

大豆は菌の力を借りて、大気中から窒素を取り入れているのです。

最近では、腸内細菌のなかにもこうした菌が存在し、糖質をアミノ酸に変えることがわかってきました。

これは荒唐無稽な話ではなく、パプアニューギニアの高地民がタロイモだけで筋骨隆々の体格が維持できるのは、腸内に窒素固定する菌が共生しているためだと言われています。[※] 同様にタンパク質をあまりとらなくてもマッチョな人がいますが、腸内窒素固定ができているのかもしれません。

生命の世界は、マジックの連続、さまざまな化学反応が複合することで無限の力が発揮されていきます。

まさに雷（電気）は神成り……。

※ 光岡知足『腸内細菌の話』（岩波書店）

5 肉の文化、大豆の文化

米の次はいよいよ大豆です。本題に入る前に、まずマクロからミクロの世界へ視線を転じてみましょう。

最初に取り上げたいのは、腸内細菌の話です。

この分野のパイオニアである光岡知足（みつおかともたり）さんは、研究者になったばかりの1950年代初頭、ある重要な発見に出くわします。考案したばかりの培養法で自らの便を調べたところ、赤ちゃんの腸内にしか棲息しないとされていた菌が数多く観察できたのです。

その菌こそ、のちに「善玉菌」と呼ばれるビフィズス菌でした。

人の健康に寄与する菌を善玉菌と呼んだのは光岡さんが最初ですが、それはこの菌のちょっと変わった性質によります。

ビフィズス菌は、乳酸桿菌、腸球菌とともに乳酸菌の仲間に分類され、人の腸内にとりわけ多く生息することがわかっています。ほかの乳酸菌と具体的にどこが違っているのでしょうか？

「（どの菌も）乳酸を出すという点は共通していますが、腸球菌は乳酸のみを、乳酸桿菌は乳酸と炭酸ガスを、ビフィズス菌は乳酸と酢酸を産生するという違いがあります。

料理に使う食物酢を思い浮かべるとわかるように、酢酸には乳酸を上回る強力な殺菌作用があります。

つまり、同じ乳酸菌のなかでも最も殺菌力が強いのがビフィズス菌なのです※」

これだけの殺菌力を持つ菌が人の腸内で共生しているのです。

まず驚かされるのは、こうした優れた殺菌力が赤ちゃんの発育を助けているという点でしょう。赤ちゃんが飲む母乳には糖がたっぷり含まれますが、ビフィズス菌はこの糖をエサにして一気に繁殖し、一時は腸内の９割以上がビフィズス菌で占められるようになります。

この大勢力となったビフィズス菌が赤ちゃんの腸内のｐＨ（水素イオン指数）を弱酸性に保ち、有害な菌の繁殖を防いでいるのです。

ヒトは独り立ちするまでに時間がかかり、その過程でゆっくりと脳を発達させ、

※ 光岡知足『大切なことはすべて腸内細菌から学んできた～人生を発酵させる生き方の哲学』（ハンカチーフ・ブックス）

社会性を身につけていきますが、その成長プロセスの初期段階をビフィズス菌が支えてくれているのでしょう。

ビフィズス菌の割合は離乳を機に減っていき、全体の2割程度になりますが、ほかの無数の菌たちと共生し、全体でバランスを保ちながら、生涯にわたって人の健康に寄与しつづけます。

生物としてのヒトはこうした形で菌と独自契約し、保護してもらうことで、ここまで進化してきたのです。


糖を分解して増殖する菌は、ビフィズス菌（乳酸菌）のほかにも、酵母菌、麹菌、納豆菌など自然界にはたくさんいます。

彼らにすればエサを食べて、ただ分裂しているだけなのですが、生化学の分野では人の健康に寄与する菌の分解反応は「発酵」と呼ばれています。嫌気性といって、酸素のない環境下で進行する特徴があり、よく知られているように、様々な発酵食品を生み出してきました。

たとえば、ヨーロッパや中央アジア、インド、アフリカなどでは乳酸発酵のしくみをミルクに応用し、ミルクに含まれる糖を菌が分解することでヨーグルトのよう

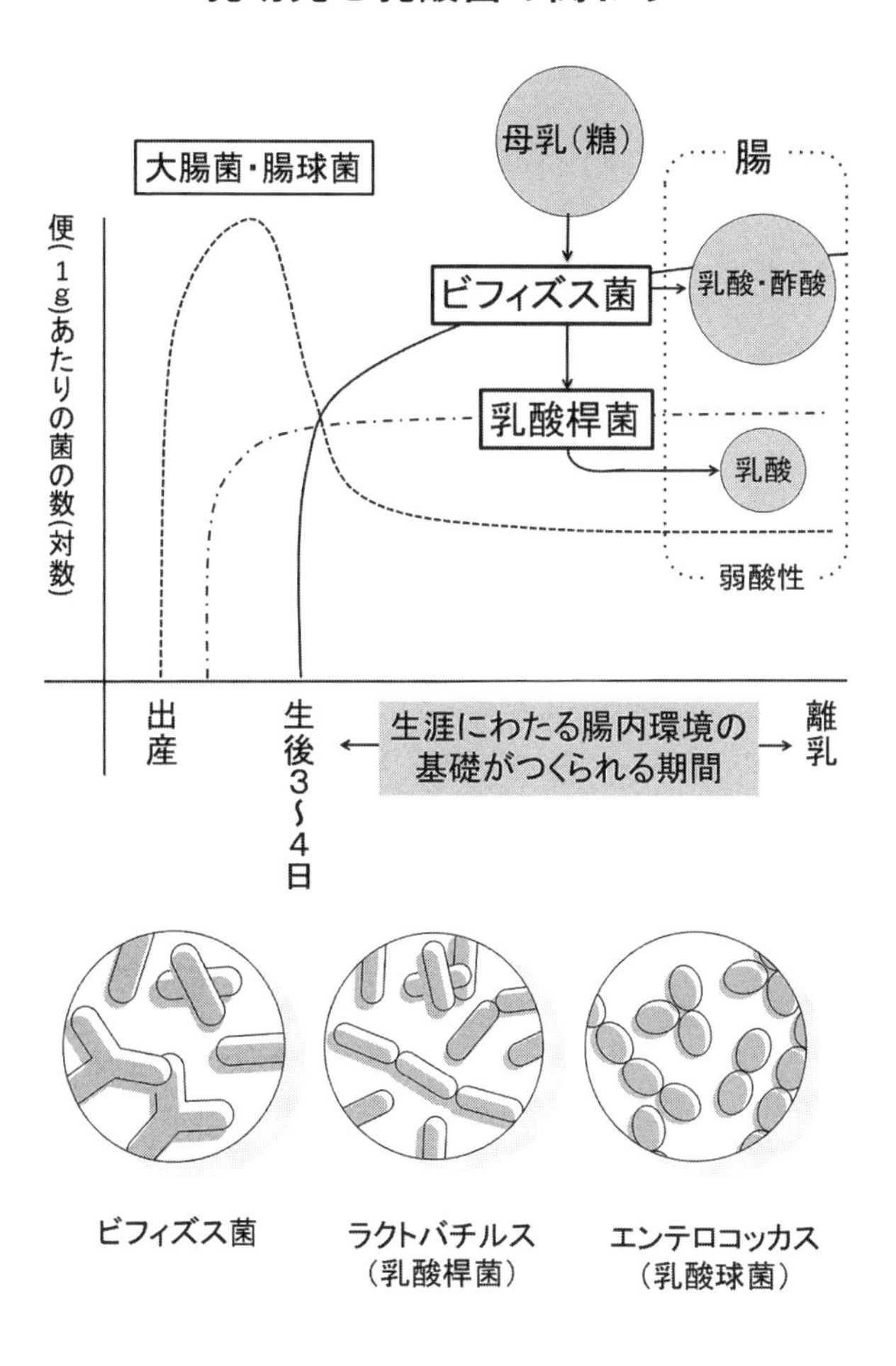

光岡知足『大切なことはすべて腸内細菌から学んできた』（ハンカチーフ・ブックス）をもとに作成。

な発酵乳やチーズ、バターを生み出し、生きる糧としてきました。

ミルクは、飲み物としてよりも、じつは発酵食品として利用されてきた歴史のほうがずっと長いのです。

前章で登場した文化人類学者の石毛直道さんは、次のように語ります。

「乳は栄養面において理想的な食品であるが、生乳はすぐに変質してしまう。そこで、さまざまな乳製品に加工し、保存食品化することによって、搾乳の困難な季節の食料にする。

牧畜民は乳を飲むというよりは、『乳を食べる』人びとである[※]」

これに対して、牧畜を行ってこなかった日本列島では、主に米と大豆が発酵に利用されてきました。

ここで活躍した菌の一番手が麴菌です。

麴菌は、正確にはカビの仲間です。生物学ではカビやキノコは菌類に分類され、同じ微生物でも細菌とは異なり、細胞の一つ一つが糸状につらなって、全体で一つのコロニーを形成しています。

※ 石毛直道『日本の食文化史～旧石器時代から現代まで』（岩波書店）

この糸（菌糸）の先端から飛び散った胞子が食べ物に付着して、糸状の胞子を生じたものが、カビと呼ばれます※。

カビのなかには有害なものももちろんありますが、胞子が米に付着すると糖が分解され、麹がつくられます。ミルクが乳酸菌の力でヨーグルトになるように、米はカビの力によって麹に変わるわけです。

醤油や味噌をつくるには、この麹を茹でた大豆に混ぜ、発酵させるプロセスが必要になります。そこには酵母菌も乳酸菌も関わり、菌の相互作用で独自のうま味や酸味が生み出されます。

こうした米や大豆を使った発酵は、ミルクを使った発酵を動物性とした場合、植物性と呼んでいいかもしれません。

日本列島は、植物性発酵によって菌との共生を育んできた、世界的にはメッカと呼べるような場所です。

その背景には、西日本から中国南部、東南アジアにかけて広がっていた照葉樹林の風土が影響したと考えられています。

照葉樹林の森は、葉が落ちずに一年中生い茂っている常緑樹であるため、落葉広葉樹のブナ林に比べると薄暗く、ここに雨が降ると、発酵にもってこいの湿気の多

※ 菌類に属するカビは、細菌とは異なる生物ですが、発酵に関与する共通点があり、本書ではまとめて菌と呼びます。

いジメジメとした環境になります。

有名な「照葉樹林文化論」の提唱者の一人、文化人類学者の佐々木高明（ささきこうめい）さんが次のような指摘をしています。

「インド世界ではキマメ、ササゲ、ヒヨコマメをはじめ、きわめて多種類の豆類が食用に供されているにもかかわらず、大豆はほとんど重要視されていない。ところが、大豆はヒマラヤの照葉樹林帯に入ると急にひろく利用されるようになる。しかも、それが特異な発酵食品に加工されて用いられていることは注目に値する事実である[※1]」

要するに、発酵に適した照葉樹林の風土のなかで、この土地に自生する大豆が幅広く利用されてきたということでしょう。

その一例として、照葉樹林文化論の生みの親である植物学者の中尾佐助（なかおさすけ）さんは、ネパールのキネマ、インドネシアのテンペ、日本の納豆という大豆を発酵させた3種類のナットウを三角形で結びつけ、それぞれの共通のルーツが中国の雲南省にあると推定しました[※2]。

※1 佐々木高明『照葉樹林文化の道～ブータン・雲南から日本へ』（日本放送出版協会）

※2 中尾佐助『料理の起源』（日本放送出版協会）

近年では、地理学者の横山智さんが、豊富なフィールドワークをもとに納豆のルーツを検証、納豆の製法の変遷に応じてタイ、チベット、ネパールなど4つの土地で生まれた多元起源説を唱えています。[※1]

そもそも納豆は、茹でた大豆が身近にある藁の菌（枯草菌）が作用するだけで簡単に発酵が始まります。

どこか一つの土地に起源が見出せるわけではなく、気候風土などが整った複数の土地で自然発生したのかもしれません。その意味では、日本で偶然に生まれ、広まっていった可能性もあるでしょう。

横山さんによると、「納豆を食べるだけでなく、納豆を使って調理をする地域は相当広い範囲に及ぶ」といいます。

「東南アジアとヒマラヤで納豆がつくられている地域には、それぞれ特徴的な納豆の生産方法と利用方法が見られ、各地独特の『納豆食文化』なるものが存在するように思われる。（中略）日本では、大豆を発酵させた味噌と醤油は調味料として使われるが、同じく大豆を発酵させた納豆を調味料として使う食文化は見られない。味噌と醤油は調味料だが、納豆はおかずなのだ」[※2]

※1 横山智『納豆の起源』（日本放送出版協会）

※2 横山智『アジア・ニッポン納豆の旅① はじめに〜納豆食文化を探す旅へ調味料納豆』（インターネット「のう地」より）

このほかにも、糸は引きませんが、黒豆（黒大豆）に塩を加えて発酵させた豆豉（とうち）も、発祥は照葉樹林文化圏にある中国南部であったようです。こちらは中国に広まり調味料に用いられてきましたが、日本の大徳寺納豆も豆豉の仲間ですし、醤油や味噌も製法は似通っています。

照葉樹林文化との関わりだけでは説明しきれないところもありますが、牧畜をしないエリアは大豆が採れるエリアでもあり、中国南部、東南アジア、日本などを広く大豆発酵文化圏と呼んでもいいかもしれません。

肉の文化か、大豆の文化か？　それぞれの土地に適した食文化が育まれ、発酵食が生まれていったのです。

こうした発酵食のメリットについては、①腸の調子を整え、消化をうながす、②栄養価や保存性を高めることが知られていますが、これに加えもう一つ大事な働きがあります。

それは③うま味を増す、つまり、食べ物を美味しくするという働きであり、ここには大豆だけでなく、魚も深く関わってきました。その代表として真っ先に挙げられるのが魚醤でしょう。

醤油はもともと醤(ひしお)と呼ばれ、東南アジアではタイのナンプラー、ベトナムのニョクマムなど魚を発酵させた魚醤が一般的です。

前述の石毛直道さんによると、この地域は雨季に川が氾濫することで大量に魚が獲れるため、これを保存する目的で塩辛、魚醤、なれずしなどがつくられるようになったといいます。

ポイントは、魚を塩漬けにして保存すると菌の働きでタンパク質が分解され、グルタミン酸などのうま味成分が生じる点でしょう。

こうした魚介系の発酵食品も日本に伝わり、しょっつる(秋田)、いしる(能登)、くさや(伊豆諸島)などを生み出しましたが、発酵系の調味料としてより重宝されたのが大豆だったわけです。

まず、ゆでた大豆や小麦に麹を加えたものを塩水で発酵させるともろみがつくられ、これを絞ると醤油になります。一方、ゆでた大豆に麹と塩を加え、絞らずに発酵を進めていったものが味噌であり、麹の原料を変えることで米味噌、麦味噌、豆味噌がつくられてきました。

醤油も味噌も麹の作用で大豆が分解されてアミノ酸がつくられるため、魚醤と同様、特有のうま味が生じます。

納豆の場合、うま味成分であるグルタミン酸がつながることで糸を引くようになるため、よくかき混ぜて糸が引くほどにグルタミン酸が増え、うま味が増していくことになります。

こうした大豆系発酵食品は、照葉樹林のエリアにとどまらず、時代とともに日本列島全域に広まっていきますが、もとをただせばこのうま味にこそ発酵の知恵が凝縮されているかもしれません。

発酵によって生じたうま味は、ただお腹を満たすだけでなく、人に食べることの喜びをもたらしてくれたからです。


日本の発酵文化の特色はさまざまありますが、そのエッセンスはうま味の生成という点に凝縮されています。日本の発酵食の代表と言っていい味噌汁を例にとりながら、発酵の本質について見ていきましょう。

もともと味噌はおかずとして食べられていましたが、室町時代にだしと合わさることで味噌汁が生まれ、江戸時代に「ご飯と味噌汁」の組み合わせが定着するようになりました。

うま味は、舌にある味覚細胞のレセプターが成分に反応し、神経を介して脳に情報が伝わることで実感できます。[※1]

腸に届く前にまず脳が反応し、「美味しい！」と感じるわけですが、味噌汁から得られる情報は精妙複雑です。味噌や醤油にはうま味成分であるグルタミン酸が豊富ですが、味噌汁にするとここに魚介などのだしのうま味が加わり、味わいがさらに増すからです。

「うま味受容体の反応は電極を使って確認することができますが、面白いのは他のアミノ酸と一緒にグルタミン酸が入ってきた場合です。他のアミノ酸の組み合わせと比べて、反応がなんと１００倍もアップします[※2]」

日本列島では、味噌に代表される大豆系発酵のうま味に昆布、鰹節、煮干しに代表される魚介類のうま味が複合し、それぞれが持ち味を発揮することで独自のだし文化がつくられていきました。

なにしろ、昆布にはグルタミン酸、鰹節や煮干しにはイノシン酸、さらに山の幸である干し椎茸にはグアニル酸といった具合に、食材に含まれるうま味成分がひと

※1 味覚細胞は味蕾（みらい）という器官を構成し、食べ物の五味(甘味、うま味、塩味、酸味、苦味）を感知している。

※2 石浦章一『タンパク質はすごい！～心と体の健康をつくるタンパク質の秘密』（技術評論社）

つひとつ異なっています。

イノシン酸、グアニル酸は核酸の仲間ですが、やはり同じように作用するため、だしを組み合わせ、味噌や醤油で味つけすることでうま味の幅は深まり、ごく自然に味覚は磨かれていったでしょう。

食べる喜びが増すにつれ、感性も磨かれていくのです。


「ヨーロッパの学者たちによって、人間が感じる味覚は、甘さ、塩辛さ、苦さ、酸っぱさの４種類であるとの説が提出されたが、日本の科学者たちはこれに異議を唱えた。日本人にとって重要な、だしのうま味が説明できないからである※」


ヨーロッパでは、肉やチーズ、トマトなどに含まれるグルタミン酸、イノシン酸からうま味を得てきました。

料理が苦手な人でも「肉・トマト・チーズ」があればなんとか味がまとまるのもこうしたうま味成分のおかげと言えますが、日本のだしの精妙さはヨーロッパ人には感じにくいものだったようです。

※ 石毛直道『日本の食文化史〜旧石器時代から現代まで』（岩波書店）

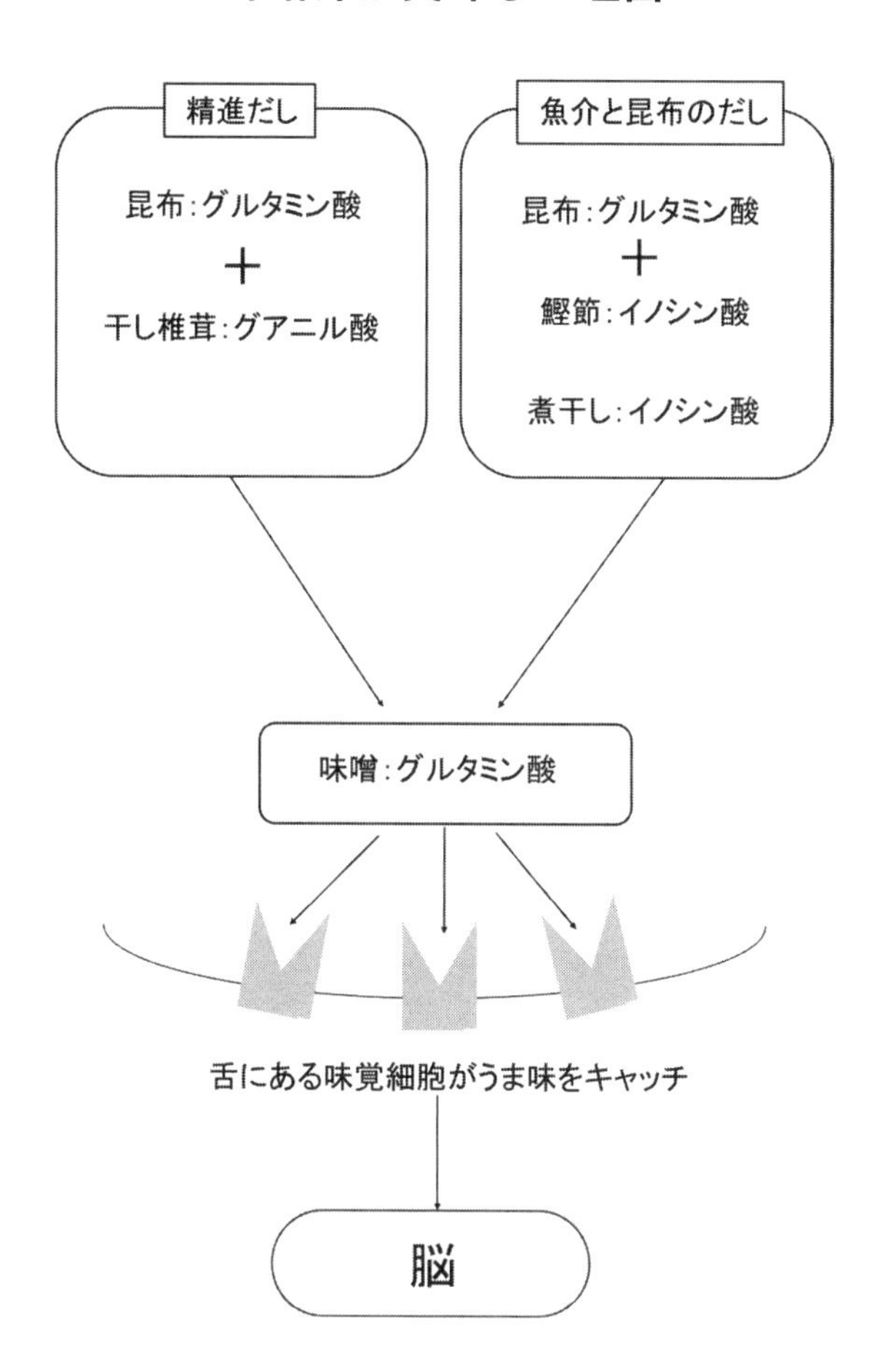

辰巳芳子『辰巳芳子 スープの手ほどき　和の部』(文藝春秋)をもとに作成。

そもそも、タンパク質（アミノ酸）を「筋肉をつくる成分」とイメージしている人が多いかもしれません。それも間違いではありませんが、大事なのは「舌を介して脳に味覚の情報が伝わる」という点です。

タンパク質は一定の量を摂らなければ新陳代謝が進まず、健康が保てなくなりますが、だしのうま味のように微量であっても脳に伝わり、豊かさや喜びをもたらす大事な役割も備わっています。

日本では、発酵とだしが融合した味噌汁にエネルギー源とタンパク源であるコメのご飯が組み合わさることで、食の土台が確立しました。タンパク源という点では、発酵食品である納豆はもちろん、新鮮な魚介類も重宝され、うま味を複合させる媒介になったでしょう。

ヘルシーフードとして評価される日本食ですが、いくつものうま味が層のように重なって作用し、感性が増すという点では「スピリチュアル・フード」と呼んでもいいかもしれません。

それは、弥生時代からじつに1000年以上の歳月をかけてゆっくりと積み重なり、ひとつの食文化として発酵していきました。

繊細と言われる日本人の感性もまたその歳月のなかで育まれ、いわば米と大豆を通じて磨かれていったのです。

＊

ここまで食べ物の発酵について見てきましたが、食べ物が運ばれるお腹（腸）でもたえず発酵は起こっています。

腸内の発酵の特徴は、条件次第で腐敗に転じてしまう点でしょう。

発酵と腐敗は紙一重の現象であり、菌たちによる分解現象という点では大きな変わりはありません。生物学的にどちらがいいと言えるものではありませんが、人が健康で快適に生きていくためには腸内環境が発酵に向かうよう菌たちとつきあっていく必要があります。

そのために何をどう食べたらいいのでしょうか？

前述した光岡知足さんは、腸内細菌学の生みの親として乳酸菌による発酵作用の重要性を見出しました。ただ、ヨーグルトを食べることを手放しですすめてきたわけではありません。

ヨーグルトなどに含まれる乳酸菌は「プロバイオティクス」と呼ばれ、「腸内環境を改善し、健康に寄与する生きた菌」を意味しますが、「生きた菌」にだけこだわる必要はないからです。

光岡さんが研究を通じて確認してきたのは、

「生きた菌・死んだ菌に関わりなく、菌の体の成分（菌体成分）が腸内の免疫活性に作用する」[注1]

ということです。菌体成分には、免疫細胞である白血球のみならず、周辺の細胞も一斉に反応することがわかっています。

細胞に備わったトル様受容体（Toll like Receptor）というセンサーがパターン認識するメカニズムが明らかになっていますが、[※2]腸に送られてくる有用な菌は攻撃対象にはならないようです。

食品免疫学者の上野川修一（かみのがわしゅういち）さんにインタビューした際、「免疫は単に異物に反応するだけでなく、危険かどうかも見分けている。だから、有用な菌は攻撃されないのかもしれない」と話されました。

攻撃対象にはならないけれども、活性化はする。それは有害な菌やウイルスの侵

※1 光岡知足『大切なことはすべて腸内細菌から学んできた～人生を発酵させる生き方の哲学』（ハンカチーフ・ブックス）

※2 審良静男・黒崎知博『新しい免疫入門～自然免疫から自然炎症まで』（講談社）

入に備えて、免疫がトレーニングしているようなものだと言えるかもしれません。そう、免疫力を強化しているのです。※

この免疫活性には生きた菌だけでなく、死んだ菌も関与することになります。死んだ菌の存在をここで重視するのは、「加熱調理した発酵食品でも腸への作用は変わらない」ことを意味するからです。

この事実をふまえれば、味噌汁と腸の相性のよさも見えてくるでしょう。味噌に含まれる乳酸菌にも、腸内の免疫活性をうながす可能性があるのはもちろん、菌体成分という点にフォーカスすれば、一緒に取り込まれる酵母菌や麹菌も免疫活性に一役買っているかもしれません。

食べ物の発酵の面白いところは、こうした免疫活性だけでなく、腸内細菌の増殖につながっていく点にあります。

生きた菌にこだわる必要がない以上、「生きた菌が腸に届いて増える」と言いたいわけではありません。

食べ物が発酵するということは、菌の働きで食べ物に含まれる糖が分解されることを意味しますが、そのなかには小腸から吸収されず、大腸に棲んでいる腸内細菌

※ 上野川修一インタビュー（インターネット「Bio & Anthropos」所収。危険を察知する仕組みは「デンジャーセオリー」と呼ばれている）

腸内フローラと食べ物の関係

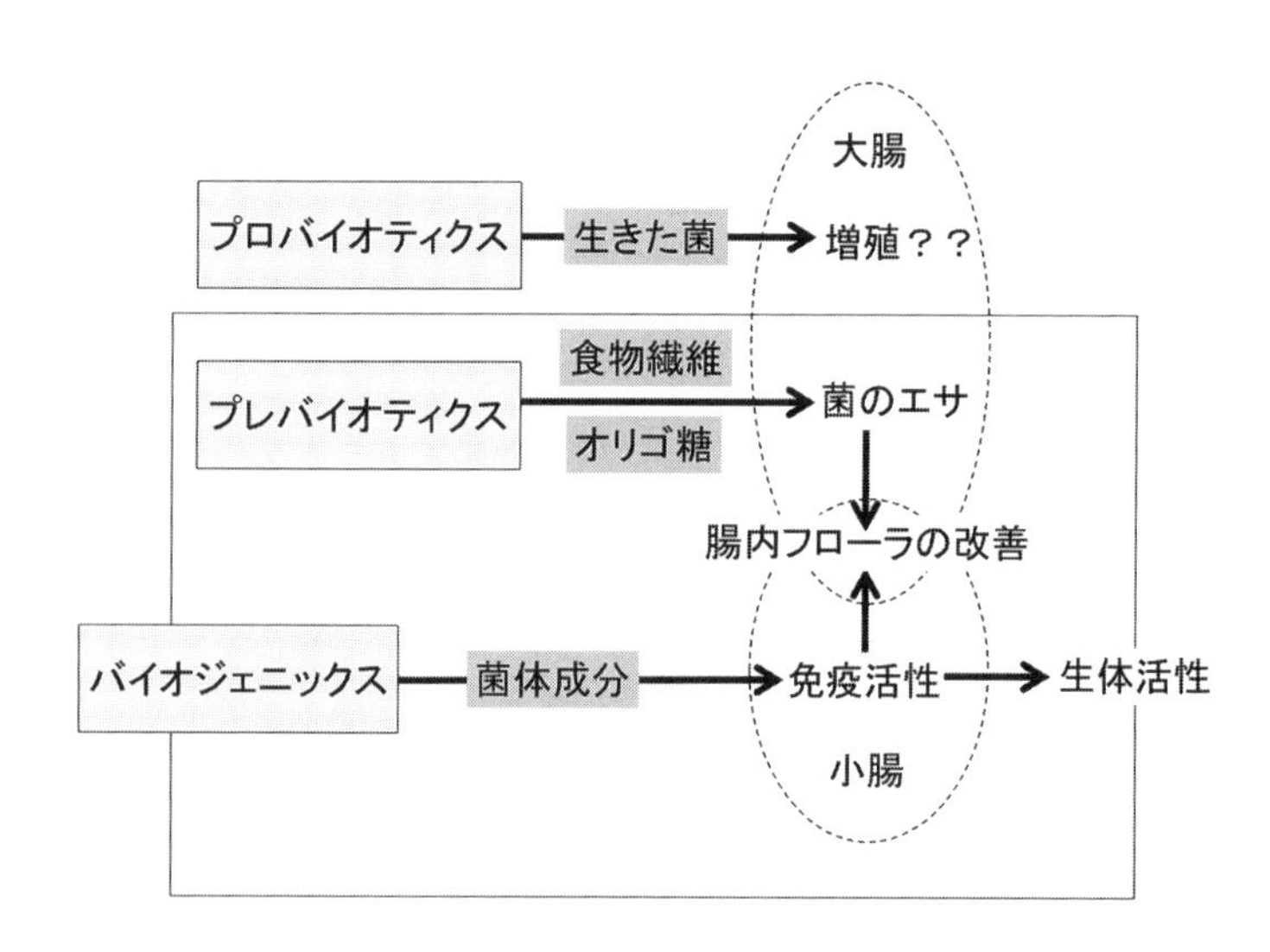

光岡知足さんは、従来のプロバイオティクス（生きた菌）の定義が実情にそぐわないことをふまえ、「バイオジェニックス（生菌・死菌に関わりなく、腸内環境を改善し、生体活性につながる食品成分」という新しい概念を提唱している。

のエサになるものもあります。

そうした糖の代表がオリゴ糖や食物繊維でしょう。腸内細菌はこれらのエサによって増えていくのです。

食物繊維も糖の仲間であり、かつては未消化のままに大腸に運ばれ、そのまま排泄されると考えられてきました。しかし、最近になって腸内細菌が分解し、エサにすることがわかってきました。

こちらは、「生きた菌」を意味するプロバイオティクスに対して、「プレバイオティクス」と呼ばれています。

こうした菌の分解によって糖から酪酸など脂質の仲間（短鎖脂肪酸）が生成され、大腸の粘膜を構成する上皮細胞のエネルギー源になるといいます。

上皮細胞は粘液を生み出し、粘膜を守る特有のバリア層をつくるため、免疫の過剰反応が抑えられ、アレルギーや腸の炎症性疾患を改善する働きがあることもわかってきました。※

食べ物は咀嚼（そしゃく）によって分解され、胃でさらに分解されて小腸に運ばれますが、大腸にいる腸内細菌もこの分解作業を手伝っているのです。その意味では、消化管の一部と言ってもいいかもしれません。

※ 竹田潔・奥村龍「腸管上皮細胞と腸内細菌との相互作用」（インターネット」領域融合レビュー」より）

そもそも、食べ物を発酵させれば、口にする前の段階で分解が進むことになります。消化にいいのはもちろん、分解の過程でビタミンなどが新たに生成されるメリットも得られます。

食べる前に分解されるのか、食べてから分解されるのか？

どちらにせよ菌たちの力で植物が解体され、そこに含まれる有効成分が取り込まれやすくなります。**菌という分解者によって植物のポテンシャルが引き出されることが、発酵の意味と言えるかもしれません。**

食べ物の発酵が、食べ物を取り込んだ体内にも連鎖していけば、食べる側のポテンシャル＝健康状態も高まっていくのです。

＊

生物学では、この世界の生き物を独立栄養生物（植物）、従属栄養生物（動物）、分解者（菌）に分け、それぞれが生かし生かされることで生命が連鎖していくすがたをとらえています。

この生命の連鎖が生態系と呼ばれていますが、腸のなかにも生態系はあり、そこでも分解者が活躍しています。

現代に生きるわれわれは、こうした自然界のすばらしい仕組みをどこまで理解し、活用できているでしょうか？　身体と風土、発酵のつながりを、ここで改めて俯瞰してみましょう。

管理栄養士の幕内秀夫さんは、人類の歴史のなかでは「何を食べるか」よりも「何が採れるか」が重要だったと語りました※。「何を食べるか」の指標となるのはカロリーや栄養成分ですが、確かに昔の人にそんな知識はありません。その土地で採れるものを組み合わせ、試行錯誤の積み重ねのなかで食文化がつくられてきました。発酵の知恵にしても、当然、そのなかに包含されているでしょう。

身体にいいということも経験知として大事にされたと思いますが、牧畜民でもないのにヨーグルトを食べることはありません。逆に、牧畜民がわざわざ味噌汁をとることもなかったでしょう。

こうした歴史をふまえ、この150年ほどの日本を振り返ると、大きなねじれが起きていることがわかります。とりわけすさまじいのは、戦後の日本に起きた食生活の変化でしょう。

※ 幕内秀夫『日本人のための病気にならない食べ方』（フォレスト出版）

一般的には食の欧米化と呼ばれていますが、牧畜民の食文化であるヨーグルトが「腸に優しい」「健康にいい」と広まり、肉食が当たり前になっていく一方で、日本の風土のなかで育まれてきたご飯と味噌汁を口にする機会も、そのクオリティーもどんどんと落ちていきました。

腸内細菌の研究も乳業メーカーが主導してきたため、結果として食文化のねじれを助長することになったでしょう。

米の消費量が減ったことや、国産大豆の生産量が激減したことはよく取りざたされますが、問題の核心は質にあります。

こと発酵に関しては、質の問題を抜きには語れません。

味噌については、伝統的な製法では1年以上の熟成が普通ですが、いまでは3〜4ヶ月の速醸がほとんどです。おかげで生産効率は上がりましたが、それでは菌が十分に増えず、発酵の本質を考えたら、「何のために食べるのか」という心もとなさが生じてしまいます。

米についても、精製して糠(ぬか)や胚芽が取り除くことが当たり前になり、菌のエサになる食物繊維が不足するようになりました。

腸内細菌との共生バランス①

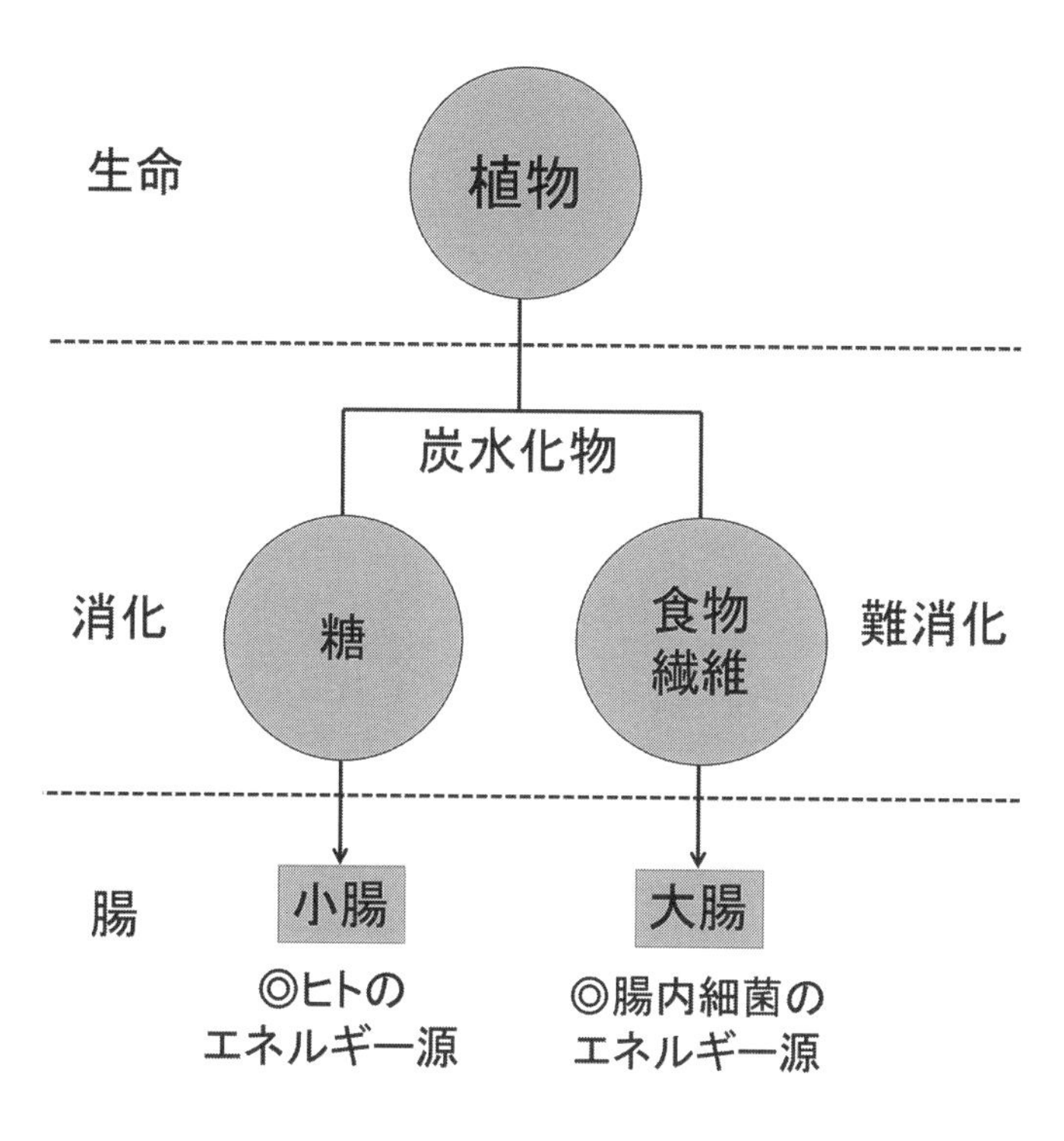

腸内細菌との共生バランス②

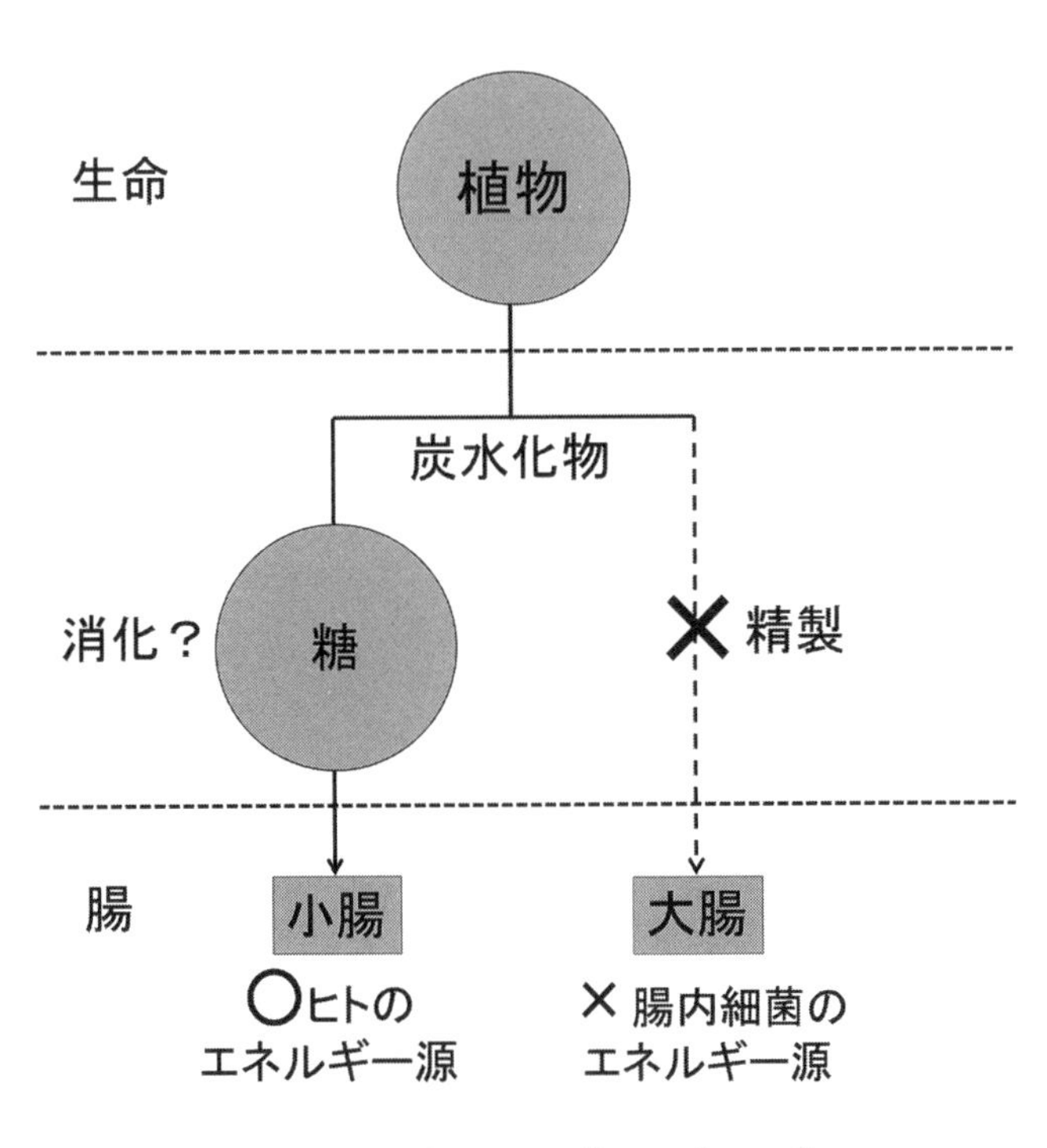

<u>エサの独り占め＝「エゴイズム」</u>

食べるということは、ただお腹を満たすことではなく、本来、「腸内細菌と栄養を分かち合う」ことを意味しています。

だからこそ共生関係が成り立っているはずですが、現実にはご飯ばかりか、スイーツや菓子、パンなど砂糖や小麦を精製したものばかり口にしています。要は自分のエゴだけを満たしているだけですから、エサにありつけない菌たちが暴れだすのは当然かもしれません。

甘いものを食べてはいけないとは言いませんが、太ることを気にするよりも、まず体内の共生者を無視している現実を知るべきでしょう。

食文化のねじれのなかにいる日本人は、自然界のつながりから見たらかなり寂しい食事をしているように感じます。

それは、**愛のない生活**、と呼んでもいいかもしれません。愛の根本にあるのは、菌との分かち合い、共生です。

同じご飯と味噌汁であっても、その質を見ていけば、昔よりも生命とのつながりは明らかに落ちているでしょう。栄養バランスに優れていたとしても、果たして菌との共生バランスはどうでしょうか？

常在している菌も、細胞で成り立っているという点で人の身体となんら変わりません。わたしであってわたしでない存在が同居している体内環境のなかで、われわれの健康は成り立っているのです。

＊

さて、大豆の面白いところは、根粒菌という大気中の窒素を取り込める不思議な菌と共生している点にあります。

植物に必要な土壌成分として「窒素・リン酸・カリウム」が知られますが、量的にもっとも必要とされるのが窒素です。

根粒菌は大豆から栄養をもらう代わりに、土壌に欠乏している窒素を提供し、大豆の成長を助けるのです。窒素を無尽蔵の大気から取り出す仕組み（窒素固定）は謎が多く、まさにマジックでしょう。

大豆を育てて、土壌を豊かにしてくれるのも、殻の硬い大豆を分解し、発酵させてくれるのも、場合によっては腸内でアミノ酸すら生み出してくれるのも……すべて菌の力なのです。

大豆の栽培に関して言えば、痩せた土地で育ちやすいのは、窒素固定する根粒菌が肥料をせっせと作り出してくれるからです。興味深いことに、それはエンドウ、ソラマメ、レンゲ、クローバーなど豆科の植物の多くに共通する働きだと言われています。

水田の畦（あぜ）にレンゲやクローバーが植えられてきたのは、土壌に窒素を補給する先人たちの知恵だったのでしょう。かつては大豆も畦に植えられ、コメとワンセットで栽培されていたようです。

前述したように、大豆の原産はハッキリ特定できず、原種であるツルマメは、日本列島も含め、アジアの各地に自生していたと考えられます。縄文時代中期には栽培されていた形跡があり、同時期に栽培されていたコメ（陸稲）と一緒に植えられていたかもしれません。

栄養学的に見ても、コメに含まれるアミノ酸の不足が大豆で補完できることはよく知られています。コメに不足するリジンなどの必須アミノ酸が、大豆には多く含まれているためです。※

大豆は環境レベルでも、栄養レベルでも米と相思相愛の関係にあり、いつか出会う運命だったのかもしれません。

※ 一方、大豆に不足しているメチオニンが米に多く含まれる。230ページ図を参照。

コメと大豆のコラボレーション

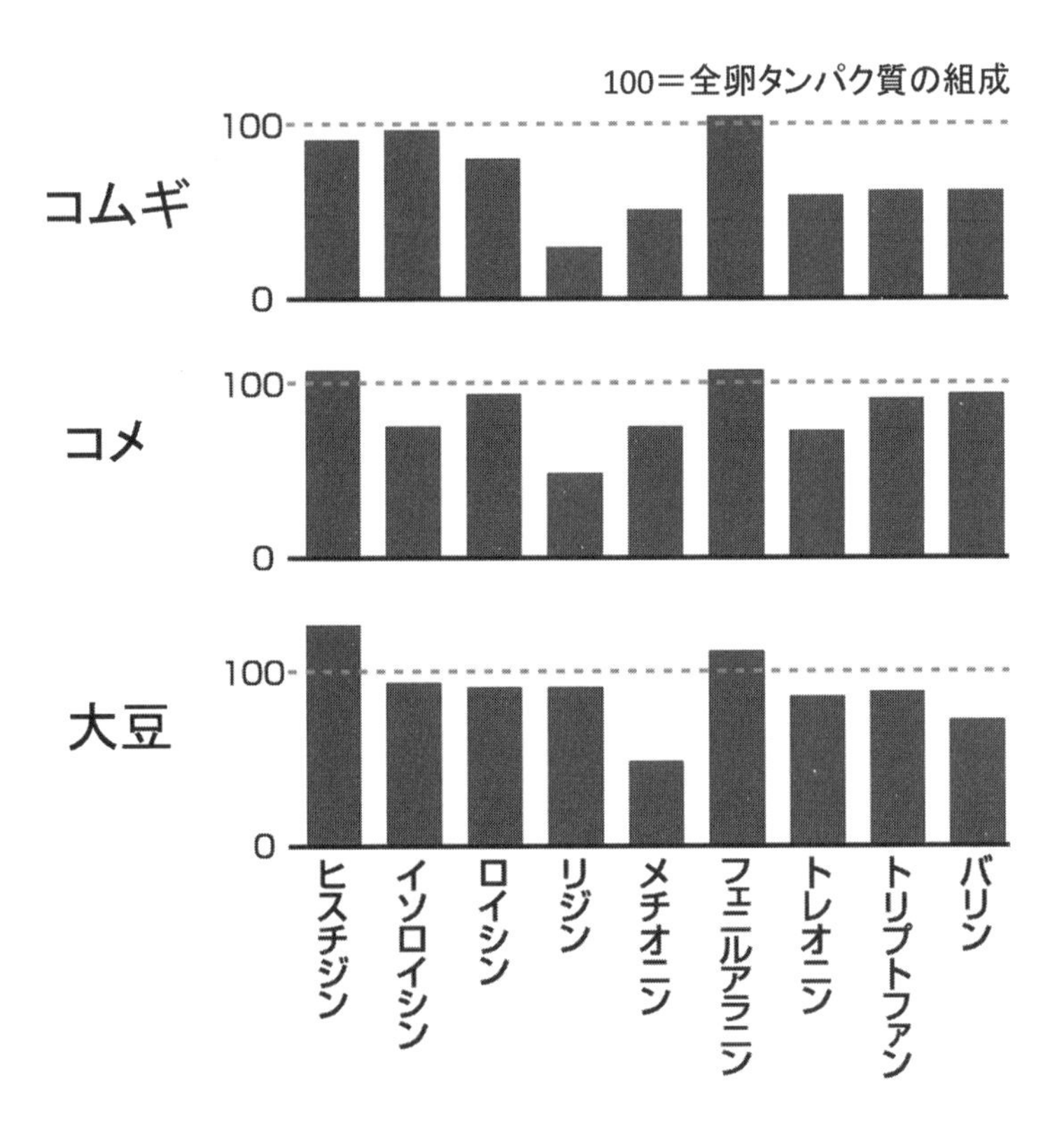

高橋迪雄『肉食動物「ヒト」は何を食べ、どう生き延びてきたか?』(池田清彦・監修『人の死なない世は極楽か地獄か(バク論)』所収)をもとに作成。

＊

近代以降、この大豆にも奇妙なねじれが起きるようになりました。

20世紀に入るとアメリカでの大豆生産が飛躍的に伸び、小麦とともに、世界の穀物市場を動かすまでに成長したのです。

戦後、アメリカは世界最大の生産国になり、東アジア中心だったかつての生産地図は大きく塗り変わりました。ただ、アメリカ人が大豆料理を多く食べるようになったわけではありません。

味噌や醤油が欧米の食文化に溶け込み、大豆系の発酵食品が世界を席巻するようになったわけでもありません。

アメリカで生産される大豆の多くは、油として利用されてきたからです。

植物油といえばその大半は大豆油であり、調理油（サラダ油）だけでなく、マヨネーズやマーガリン、ショートニングなどに加工され、パン、ケーキ、お菓子などの原料に幅広く利用されています。

また、大豆油の搾りかすは家畜の飼料として活用され、いまや世界の畜産業を支える大事な資源になっています。

タンパク質が豊富な大豆は「畑の肉」などと呼ばれることもありますが、いまや欧米の肉食文化、さらには小麦と合体することでジャンクフード文化を成り立たせるキーそのものです。

グローバルに広がるその勢力分布を見たら、肉の文化に大豆の文化が組み敷かれたような印象すらあります。

動物系と植物系、肉と大豆……この二つの食文化が混じり合うなかで、結果として失われたもの、それが発酵のマジックです。

動物系の発酵食であるヨーグルトも健在であり、パンもワインもビールも発酵なくしては成り立ちませんが、こと身体の内部の発酵、腸内発酵という視点に立った時、何が見えてくるでしょうか？

一つ言えるのは、植物系発酵と腸内発酵の相性の良さです。

発酵という植物と菌のコラボレーションは、腸内で生じることで心身の調和を支え、健康の土台をつくってくれます。それが日本人の伝統的な食養生のベースの一つになってきたはずですが、いまやそのアドバンテージはどこかに消し飛んでしまった感があるでしょう。

大豆を食べる国・つくる国

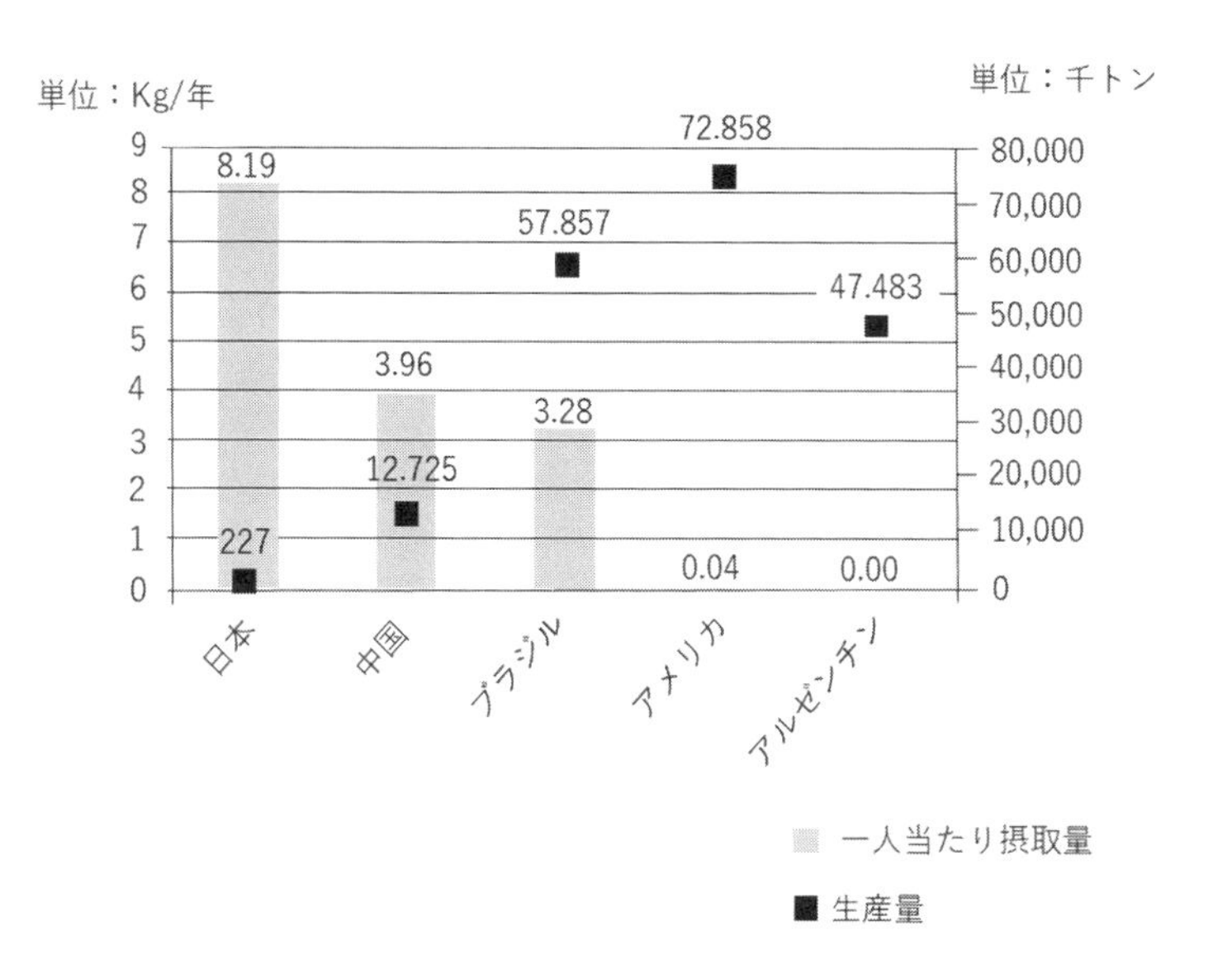

欧米での大豆利用は植物油や家畜の飼料が中心。世界一の大豆生産国であるアメリカも、1 人当たりの年間摂取量はわずか 40g(国連食糧農業機関統計)、日本人 1 人の 1 日分にも届いていない（図の出典は FAO 国連食糧農業機関 2007）。

原料の大豆はほとんどつくられなくなり、いまでは輸入大豆の遺伝子組み換えの安全性が問われる時代になっています。

その正否を論じることも大事ですが、まず食文化のねじれに目を向けると違った景色が見えてくるかもしれません。

乳製品のねじれ、大豆のねじれ……いまのグローバル・スタンダードが一つの極に達するなかで、一番おいしいところが日本の食から抜け落ちてしまっているのを感じます。

生命が商品に置き換わり、穀物メジャーが活躍する状況も、確かに違った意味でマジックだったかもしれません。ただ、生きるということはそれと比較にならないマジックであり、発酵はマジックのタネの一つと言えます。

ねじれたよりを戻す……いや、まず大豆をもとのさやに戻すことから始めるのが筋かもしれません。アジアの風土で生まれた大豆を、再びアジアで蘇らせるのが日本人のミッションでしょう。

最後に、その進み方について考えてみたいと思います。

COLUMN 5

ハラの文化はこうして生まれた

食べ物の消化・吸収・排泄を担っている腸は、こうしているいまも筋肉（内臓筋）によって動いています。

無意識下で働く自律神経がコントロールしているためなかなか自覚できませんが、食べたものに反応して動きが活発になったり、鈍くなったり……腸はそのつど快・不快を味わっています。

具体的には、食べ物が腸に運ばれ、消化されていく過程でセロトニンが分泌され、腸のぜん動がうながされます。

セロトニンというと脳内で働く神経伝達物質として、精神の安定に深く関わっていることが知られていますが、じつはその9割は腸でつくられ、消化のために働いているといいます※。

この消化のプロセスは、メンタルとも無関係なわけではありません。

実際、スムーズに消化・吸収・排泄されることに誰もが心地よさを覚えます。こ

※ 上野川修一『からだの中の外界　腸のふしぎ』（講談社）

の心地よさは、神経の先端が肥大化して脳が生まれるよりも前、原初の生き物が感じていた安らぎと言っていいでしょう。

腸がいかに心地よく動いてくれるか？　生物の歴史を振り返ると、それこそが感情の原点であると言えるのです。

食べ物とこころの関係について、もう少し踏み込んでみましょう。

日本列島では、農耕が本格化しなかった縄文時代の段階で、植物に依存した食生活が成り立ってきました。

後年、ここに発酵の知恵が加わることで、コメと大豆を中心にした独自の食文化が育まれてきたわけですが、腸とのつながりをふまえると、それはただ体を養うだけのものではなかったでしょう。

なぜなら、植物に依存した食事は腸に優しい食事であり、日常的に摂取していれば腸のぜん動も自然とうながされます。そう、お腹の調子がメンタルの土台になってきたと言えるからです。

それは、生物が古い時代から受け継いできた生きる力の一部であり、直感や本能とも重なり合う働きでしょう。

腸とストレスの関係について研究する医師の福土審(ふくどしん)さんは、内蔵感覚という言葉を用い、次のように語ります。

「たとえば、進路に迷った時に、『こっちが良さそうだ』と決めるのは、必ずしも計算の結果ではない。言語的には表現しにくい、『身体からの情報』である『えもいえぬ感じ』で決めているのである。

腹を括って決める感覚だ。そして、その後で、どうしてそうしたのか、と他人に聞かれ、自分でも言葉では説明しにくいままに、後からいろいろ理由をつけているはずである。これをソマティック・マーカー(身体からの情報)仮説という。その代表的な身体情報こそ内蔵感覚である※」

こうした内蔵感覚を成り立たせてきた背景にあるのが日本特有の気候風土であり、食文化もそこから生まれ、われわれの祖先は何よりも食べることを通じてメンタルを養ってきました。

腹を据える、腹を割って話す、腹を探る、腹わたが煮えくり返る、腹黒い……日本語には「腸」にまつわる身体言語がとても多いですが、それもまた風土と食事の

※ 福土審『内蔵感覚〜脳と腸の不思議な感覚』(日本放送出版協会)。ソマティック・マーカー仮説は、アメリカの神経科学学者アントニオ・ダマシオが提唱した仮説。

産物と言ってもいいかもしれません。

四方を海に隔てられた豊かな自然環境が、そのまま豊かな腸内環境、穏やかなメンタルをつくりあげてきたと言えるのです。


もう一つ、見落とされがちな腸とインナーマッスル（深層筋）の関わりについても触れておきましょう。

インナーマッスルは、身体の深部にある腸腰筋（大腰筋、腸骨筋など）のような筋肉を指し、内臓や関節を支えることで身のこなしを整え、内臓の動きを助けるなど、様々な働きが知られます。

内臓筋が自らの意思で動かせない不随意筋であるのに対し、こちらは意識的に動かせる随意筋の仲間ですが、身体の深部にあるため、やみくもに鍛えたりするだけではなかなか思うように動かせません。

動かせないものを動かせるように工夫する……伝統的な武術や芸事のたぐいは、インナーマッスルの使い方を経験を通して磨き、ソマティック・マーカーを次代に継承する役割を担ってきました。

そうした経験の過程でぎこちなかった動きが洗練され、立ち居振る舞いが軽やかに、見栄えも美しくなっていくわけですが、体の構造上、それは内臓（腸）の刺激にもつながったでしょう。インナーマッスルが動くことで、腸のぜん動が外側からうながされやすくなるからです。

腸そのものは不随意筋によって構成されていますが、食べ物によって内側から、インナーマッスルによって外側から動かされ、心と体の安定＝健康が保たれてきたと言ってもいいでしょう。

食べることと振る舞うこと、祖先から受け継がれてきた二つの身体機能が連動することで心地よさ、さらには美しさが生み出されてきたのです。

6 発酵する世界へ

縄文からはじまり、コメと大豆の出会いにいたる日本列島のフードジャーニーのアウトラインをたどることができました。

生きて食べてここまで歩き続けてきた道のりは固有の文化を紡ぎ出してきましたが、それはたえず変容します。これからこの風土のなかでどう生き、新しい生き方のかたち＝文化を紡いでいったらいいでしょうか？

ここで改めて発酵と腐敗の関係に目を向けてみましょう。

科学の世界ではコンタミネーションといって、培養の際に雑菌が混じることが戒められてきましたが、自然界ではそれが普通です。

雑菌が混じると純粋培養にならず、時として腐敗が生じます。

食べ物に当てはめた場合、「菌が繁殖して腐る」という現象が生じますが、腐って困るのは人間のほうです。菌との共生が成り立たなくなり、健康を害することにつながるでしょう。

それは、食べてお腹を壊すということにとどまりません。

腐敗は食べ物だけでなく、現象としてはその食べ物が運ばれる腸内でもつねに起きています。それを腸内腐敗と呼んだ場合、大腸のなかは生ゴミがたまって異臭を放つ状況になります。

一般的には、菌たちが食べ物のタンパク質を分解することでアンモニア、アミン、インドール、スカトールなどの物質が分泌され、それが異臭→腐敗を起こすというプロセスで説明されています。

便が臭うのは、腸内腐敗の結果であるのです。

そのため、タンパク質を分解する菌は悪玉菌などと呼ばれるわけですが、「肉を食べると腐敗を起こす」とまではストレートに言えないところもあります。糖にしても発酵の原料にはなりますが、その一方で血糖を上げ、代謝を狂わせる原因にもなるでしょう。

一つの成分をとって良い悪いとは、簡単に決めつけられません。

実際に食事をするときは、さまざまな成分が渾然一体となって取り込まれますから、腸内でも発酵と腐敗は紙一重の現象です。ただ、現実には腐敗が進んで、体調に悪影響を及ぼすこともあります。

紙一重を隔てる境界は、いったいどこにひそんでいるのでしょうか？

大事なのは植物、動物、そして菌たちの関係です。

解剖学者の三木成夫（みきしげお）さんは、生きることを食と性の連鎖としてとらえ、それを理想的に体現している存在は植物であると語りました。

「植物には『独立栄養』すなわち『光合成』の能力があるので、動物のように人さまのものを横取りする必要がない。いいかえれば動物がその日その日の糧を求めて、草食・肉食の別なく、あちこちさまようように、自分のからだを移動させる必要がまったくない。このため植物のからだには『感覚・運動』にたずさわる器官が、もう最初から完全に欠如しているのです※」

三木さんは、解剖学的な見地から運動・感覚にたずさわる器官、つまり手足や脳、目や耳の感覚器官などを「体壁系」と呼び、身体の内側にある消化管などの働き＝「内臓系」と対比しています。

生命活動の根幹となる食と性は、内臓系の管轄になります。「生命の主人公は、あくまでも食と性を営む内臓系で、感覚と運動にたずさわる体壁系は、文字通り手

※三木成夫『内臓とこころ』（河出書房新社）

足に過ぎない」※同 のです。

神経系の働きと重ねた場合、体壁系は体性神経（運動神経・知覚神経）、内臓系は自律神経（交感神経・副交感神経）と重なるでしょう。

植物は土壌の微生物の力を借りて、いわば内臓系のみでこの世界とつながっている生き物ということになります。

一方、光合成のできない動物にとって食べることは行動することであり、そこに体壁系の器官が必要となります。行動することで得た食べ物を、腸内細菌と協同しながら分解し、エネルギーに変えているのです。

エサが食べられないと不安になり、ストレスが生じますが、それは内臓系の働きに影響します。胃が痛んだり、腸のぜん動が滞って下痢や便秘が起きたり、お腹の調子が悪くなります。

つまり、**腸とこころはつながっている**。お腹が荒れれば、心も荒れます。腸内の腐敗はこころの腐敗とも連動していることになります。

動物・植物・微生物の関わりが見えてきましたと思いますが、では、何をもって腐敗と発酵は分かれるのでしょうか？

内臓系は植物由来、体壁系は動物由来？

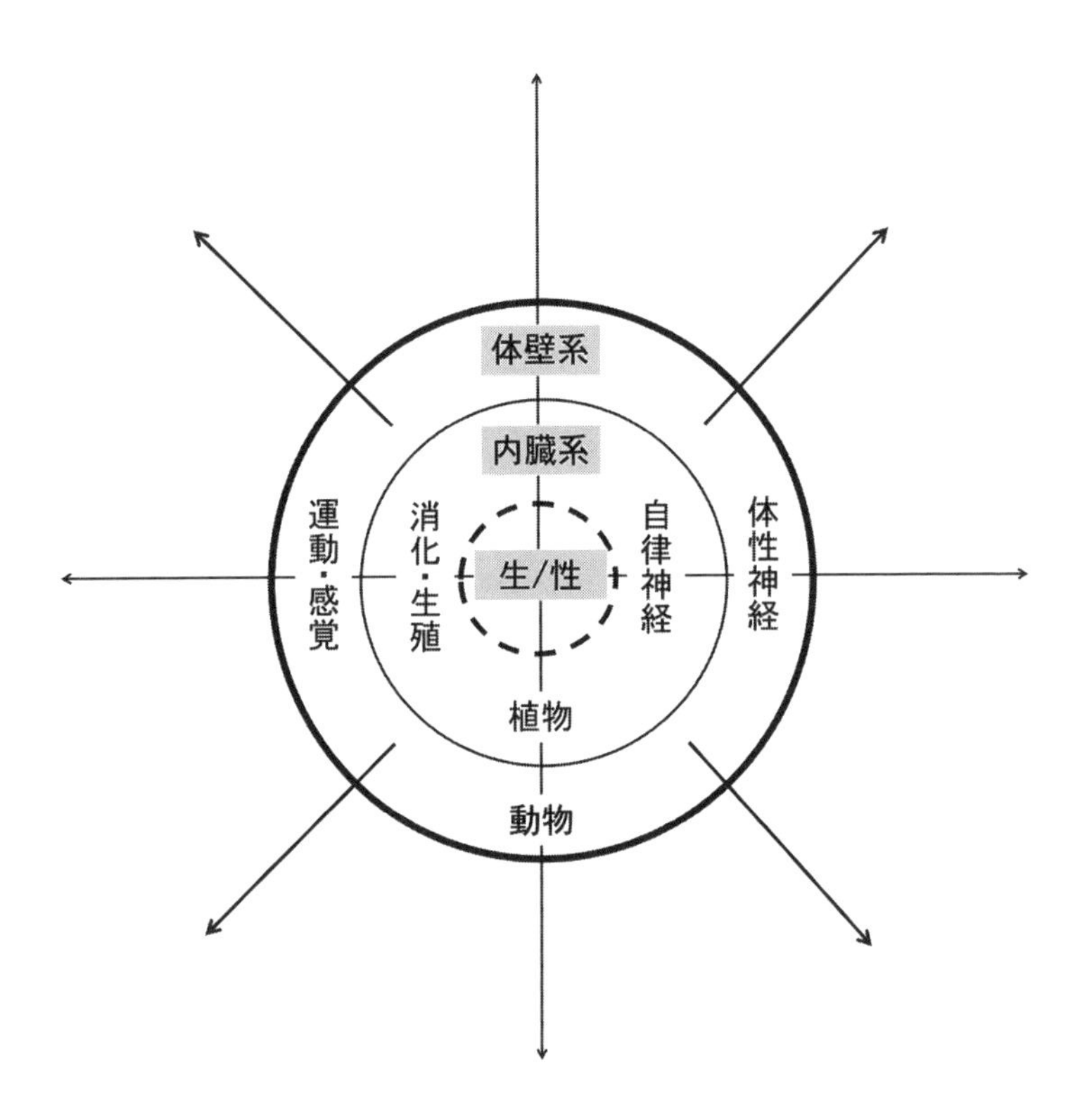

この紙一重を決定づけるものとして、光岡知足さんは腸内細菌研究の初期段階から「食事の内容だけでなく、強度のストレスによっても悪玉菌が繁殖し、腐敗が進む」ことを指摘していました[※]。

とはいえ、ストレスという言葉は少々抽象的です。

ある人にとって平気なことが、ある人にとってはつらいといった心因的な側面が強いため、別の言葉で言い換えてみましょう。

前述の三木さんは、それを「リズムの乱れ」と呼んでいました。

生命には固有のリズムがあり、宇宙のリズム、地球のリズム、日本列島の四季のリズム、一日のリズムといった具合に、マクロからミクロまでいくつもの周期が複合しながら変化を繰り返します。

それらを自然のリズムと呼ぶならば、その一部であるわれわれの身体も、代謝のリズム、睡眠のリズム、ホルモン分泌のリズムなどなど、さまざまなリズムに支配されていることがわかります。

こうした生体リズムと自然のリズムは、いずれも自然の営みである以上、本来は一つであるはずです。

しかし、体壁系を働かせている動物は、行動してエサを得ることが宿命づけられ

※光岡知足『腸内細菌の話』（岩波書店）

ているがゆえに目先のことに振り回され、大地に根を張った植物のように悠然とは生きられません。

ましてヒトは、体壁系の先端にある脳を特異に発達させることで、内在していた生命のリズム＝内臓系のリズムを見失い、エゴのおもむくまま、地球上で勝手に暴走するようになりました。

要するに、眠くなったら眠れるわけでも、食べたい時に食べられるわけでもない……こうしたリズムの乱れた生き方こそ、ストレスの元凶ではないかということです。好きだと言えないことに長い時間を費やしているのだとしたら、なおさらストレス＝リズムの乱れは増すでしょう。

そのダメージを真っ先に受けるのが内臓（腸）です。もちろん、腸に棲んでいる菌たちも影響を受けるでしょう。腸内環境が腐敗に傾く背景も、リズムの乱れが関わっているはずなのです。

周期的に繰り返されるリズムは、時間の概念とも重なり合っています。

有性生殖する生物はその周期のなかで成長し、老い、そして死んでいくわけですが、腸内細菌はこの時間の外にいます。

なかなかイメージしにくいかもしれませんが、細胞分裂を繰り返すだけの菌たちに、死はありません。

人が思い描く生と死とは違うところで存在しているのです。

ゾウリムシの研究を通じて、寿命の起源について探求してきた高木由臣（たかぎよしおみ）さんは、インタビューのなかで「〝老死〟は進化の歴史のなかで生まれたもので、普遍的な現象ではない」と語りました。


「原核生物から真核生物へ、単細胞から多細胞へと移行していく過程で、『寿命のある生物』が次第に増えていったと考えられます。要するに、老死は進化の産物なんです※」


高木さんの話をふまえるならば、有限の生命＝寿命を獲得したヒトという生き物は、腸内細菌との共生に象徴されるように、内に無限性を有しながら有限の世界を生きていることになります。

有限と無限が混じり合い、生と死が繰り返され、生命は続いていく。これまでも、おそらくこれからもずっと……。

※高木由臣『無限と有限のはざまで～ジャームとソーマの寿命論』（『TISSUE VOL.4』ハンカチーフ・ブックス所収）

実際、菌たちはリズムを刻むための体内時計を持っていませんが、宿主のリズムに同調し、反応することである菌が増殖したり、ほかの菌の繁殖を抑えられたり、まるで合わせ鏡のように腸内環境を変化させます。

腸内環境は、同じ種類の菌が集まってお花畑（flora）のようなコロニーを形成するため、「腸内フローラ」と呼ばれています。

たとえば、飛行機で外国に移動すると生体リズムが狂い、時差ボケになりますが、それは腸内フローラに反映されます。夜勤が続いて生活が不規則になってもフローラは変化するでしょう。※

程度の差はありますが、人と言い争ったり、イライラしたりするだけでも腸内フローラは影響を受けています。

つまり、外部とのコミュニケーション不良がストレスであるとしたら、そのストレスが腸内フローラに映し出されます。腸内フローラの乱れ、人間関係の乱れ、地域や国レベルでの乱れ、生態系の乱れ……それぞれバラバラのことのように見えますが、構造は同じなのです。

実際、それらの変化は影響しあい、無数のリズムが重なり合うことで、わたしという存在の生き方を規定しています。

※ 田原優『体を整えるすごい時間割』（大和書房）、古谷彰子・柴田重信（監修）『時間栄養学が明らかにした「食べ方」の法則』（ディスカヴァー・トゥエンティワン）

複合するリズムと生命体

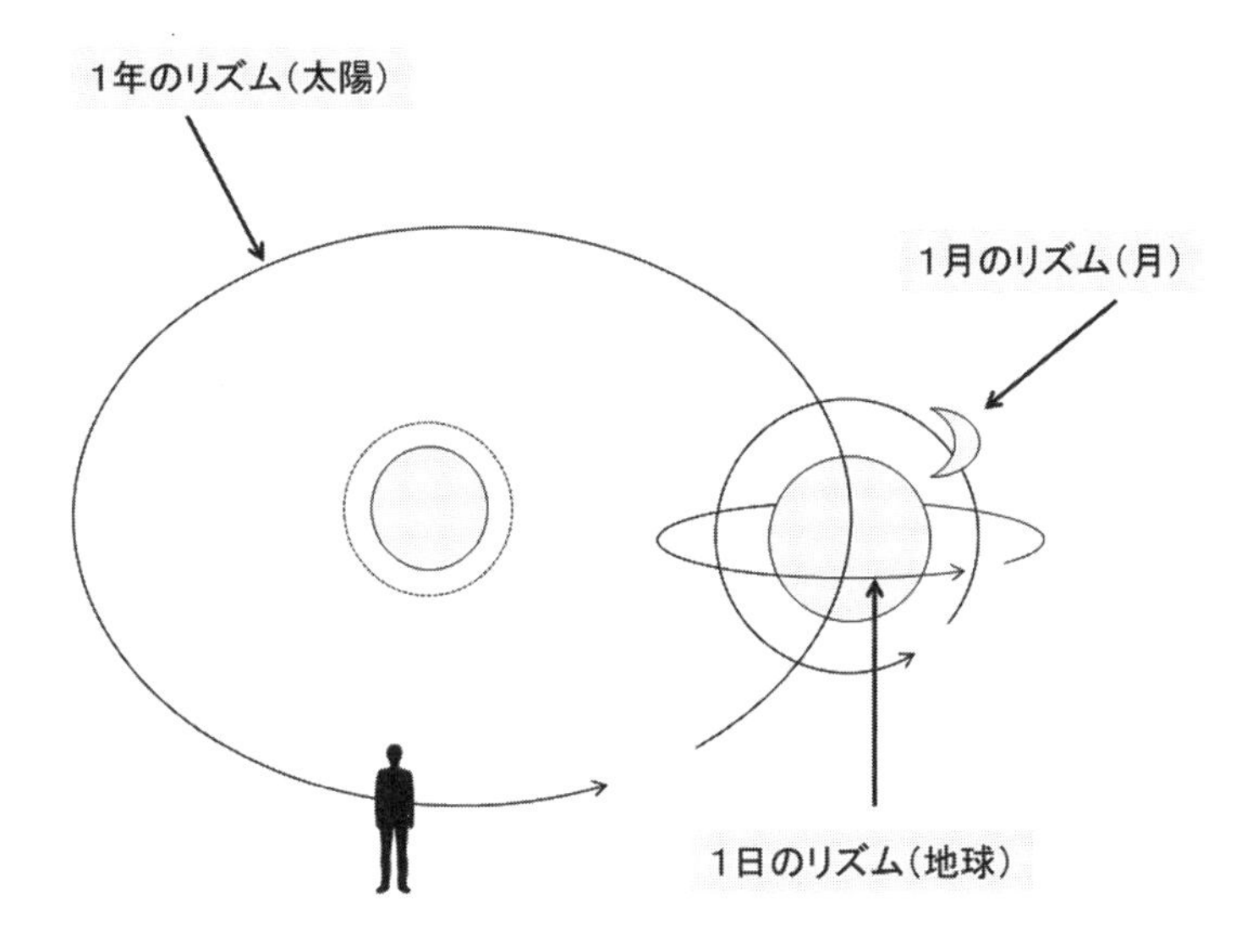

もちろん、そこには食べ物も関わりあってきます。ストレスがたまってジャンクフードをガツガツ食べたり、甘いものが無性に欲しくなったりするのは、食べ物とメンタルの関わりを象徴しています。腸内腐敗が進むのも、単に食べ物の問題というより、そうしたシチュエーションそのものに原因があるのでしょう。

甘いものの摂りすぎが体に悪いと単純に言えるわけでもないのです。

＊

コミュニケーションというと、通常、人と人との対話や交流を指しますが、身体のなかでも食べ物の栄養、菌やウイルスなど、さまざまな異物とのコミュニケーションが行われています。

その最前線にあたるのが皮膚や腸の粘膜であり、血液中で免疫細胞（白血球など）によって身体に必要なものかどうかが判断され、菌やウイルスは排除され、腸内では食べ物の栄養素が取り込まれます。

また、この食べ物の栄養が運ばれていく先の細胞にも膜（細胞膜）があり、栄養を取り込み、老廃物を排出する出入り口になっています。

さらに言えば、ミトコンドリアにも二重の膜があり、このうちの内膜でエネルギーのもとになるＡＴＰ（アデノシン三リン酸）がつくられます。膜という内と外の境界にあたる場所は、コミュニケーションが活発に行われる最前線、身体で最もホットなゾーンなのです。

免疫の分野では、「白血球が自己と非自己を識別し、身体に必要なものを取り込んでいる」と考えています。つまり、体内のコミュニケーション活動を担っているのが免疫ということでしょう。

自己とは、哲学的な概念のようにイメージするかもしれませんが、ここでは食べ物に含まれる栄養素のことを指しています。

もともと自分ではないものが消化によって分解され、自分の身体の一部、つまり自己に作り替えられるからです。

非自己については、ウイルスや病原菌、分解できない食べ物のカスなど、こうした作り替えができないものを指します。

こちらは白血球によって排除されるか、大腸に運ばれて便となって排泄されますが、消化できなかった食べカス（食物繊維）を分解できる腸内細菌もいるため、自己として取り込まれるものもあります。

　そもそも、腸内細菌も非自己のはずですが、彼らは有害性があっても排除されず、腸内で共生しています。

　こうしたすべてを排除するわけではない白血球のファジーな性質は、「免疫寛容」と呼ばれています。ヒトの身体は、寛容の精神によって異物とのコミュニケーションが保たれているのです。

　免疫学者の多田富雄（ただとみお）さんは、自己と非自己の関係を次のようにとらえます。

「『自己』は（中略）刻々と変貌している。昨日まで『自己』であったものが、今日は『非自己』になり得る。それぞれの時点では『自己』の同一性というものが存在することを認めたとしても、本当に連続性を持った『自己』というものが存在するのであろうか。（中略）
　反応する『自己』、認識する『自己』、認識される『自己』、寛容になった『自己』――というように、『自己』は免疫系の行動様式によって規定される。そうすると、『自己』というのは、『自己』の**行為**そのものであって、『自己』という固定した**もの**ではないことになる[※]」

※ 多田富雄『免疫の意味論』（河出書房新社）

自己と非自己という概念を用いつつも、そのポジションは絶えず変化し、揺らぎながら「私」という存在が保たれているということでしょう。

まさに寛容さのなかで生かされていると言えますが、こうした寛容さが仇となって、間違いを犯すことも珍しくありません。

アレルギーが起こるのは、本来は自己であるはずの食べ物の栄養を白血球が異物（非自己）だと見誤り、過剰反応するからです。白血球が自分自身の細胞を攻撃してしまう自己免疫疾患のような病気もあります。

最近では、外部からの異物のみならず、ストレスに白血球が反応して炎症が生じることも明らかになってきました。※ 炎症を起こす免疫の仕組みそのものが、自己の境界を曖昧にしているのです。

こうした免疫の働きを、人の社会生活に重ね合わせてみましょう。

他者（非自己）を受け入れるか受け入れないか、受け入れるにしてもどの程度受け入れるか……われわれもたえず距離感をはかりながらコミュニケーションし、判断しているのがわかります。

※ 村上正晃インタビュー①（インターネット「Bio& Anthropos」所収）

免疫と「自己」の境界

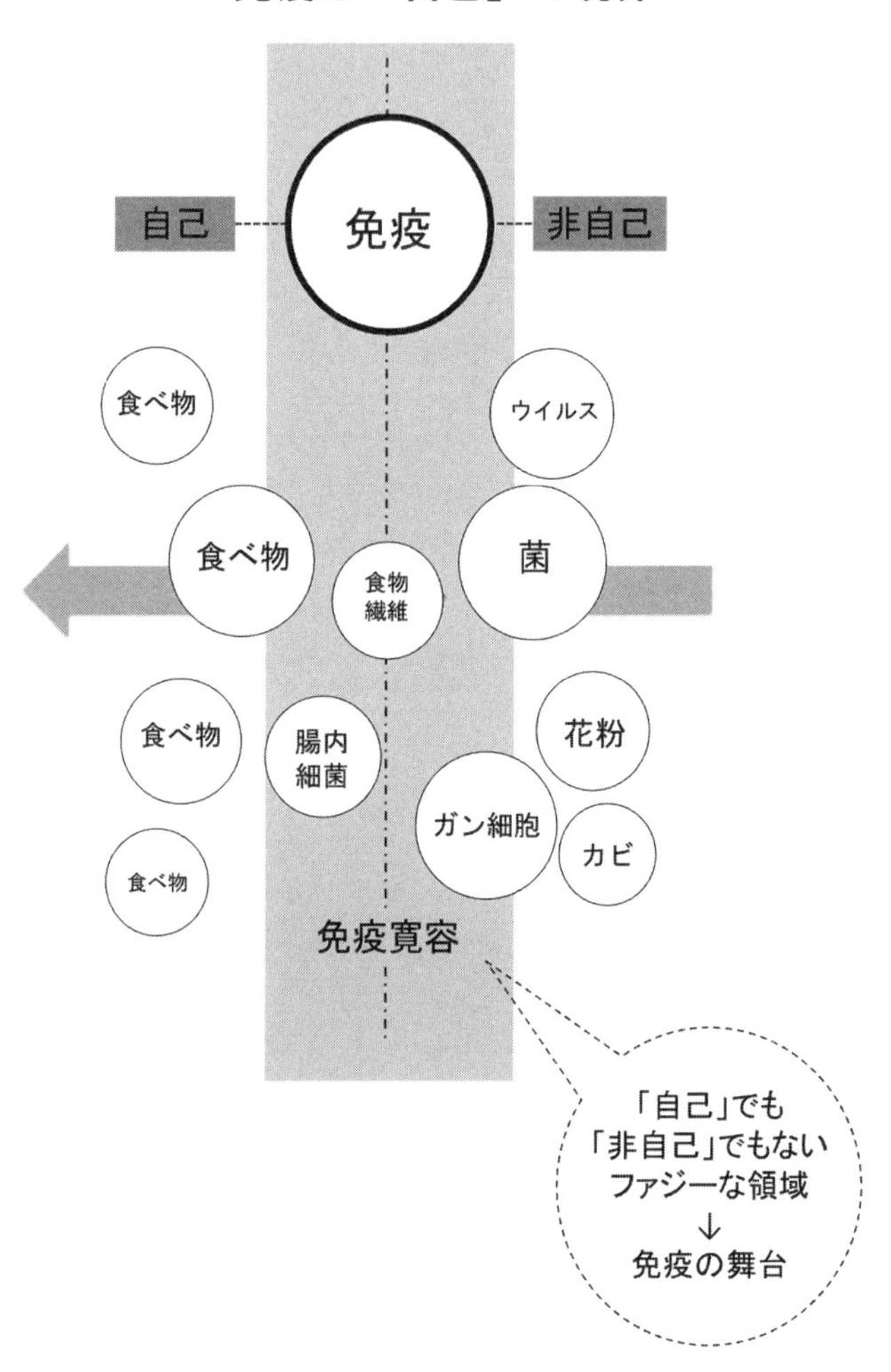

自己
免疫
非自己
食べ物
ウイルス
食べ物
食物
繊維
菌
食べ物
腸内
細菌
花粉
ガン細胞
カビ
食べ物
免疫寛容
「自己」でも
「非自己」でもない
ファジーな領域
↓
免疫の舞台

そこで求められるのも、まさに寛容の精神でしょう。

身体の内部にさまざまな膜があるように、自己と他者の間にも見えない膜があり、それは間合いと呼ばれています。この間合いを誤ると人間関係がストレスになり、ときに争いにも発展します。

これを社会に当てはめた場合、コミュニティとコミュニティが接する境界こそが膜にあたることになります。

文化ごと、国や地域ごとに膜が張られ、それは紛争の最前線になりえると同時に、コミュニケーションが活性化し、物品の流通が生まれる、クリエイティブな最前線でもあるでしょう。

膜、間合い、境界……これらはすべてストレスの発生する緊張感の高い場ですが、それゆえ刺激にも満ちています。

膜との接し方一つで、人は快を感じたり不快さを感じたり、健康になったり病気になったり、発酵したり腐敗したり……その繰り返しのなかで生物は進化し、人は成長しながら生きているのです。

それは創発（emergence）と呼ばれ、組織マネージメントのキーワードとして語られることが多いですが、もとは生物学の用語の一つです。生物そのものが創発によって成り立っていることをふまえれば、組織論の根幹は身体にあると言ってもいいでしょう。

身体こそ創発の舞台であり、クリエイティブの源泉なのです。

＊

ヒトはこのように多層的で、壮大なスケールの世界に棲んでいます。

生命が誕生したとされる38億年もの歴史を遺伝的に継承しながら、おなじスケールの歴史を内在させた多種多様な生き物たちと共生し、微妙なバランスを保ちながらこの環境のなかで生きてきました。

「生命誌」の提唱者である中村桂子(なかむらけいこ)さんは、こうした時間と空間の織りなす生の営みについて、次のように語ります。

「人間は、一つの祖先から生まれた仲間であること、38億年という時間を体の中に持つことという二つの性質を他の生きものと共有しています。（中略）38億年というすべての生物に共通の歴史の上に、20万年のヒトという存在の歴史

すべては膜でつながっている

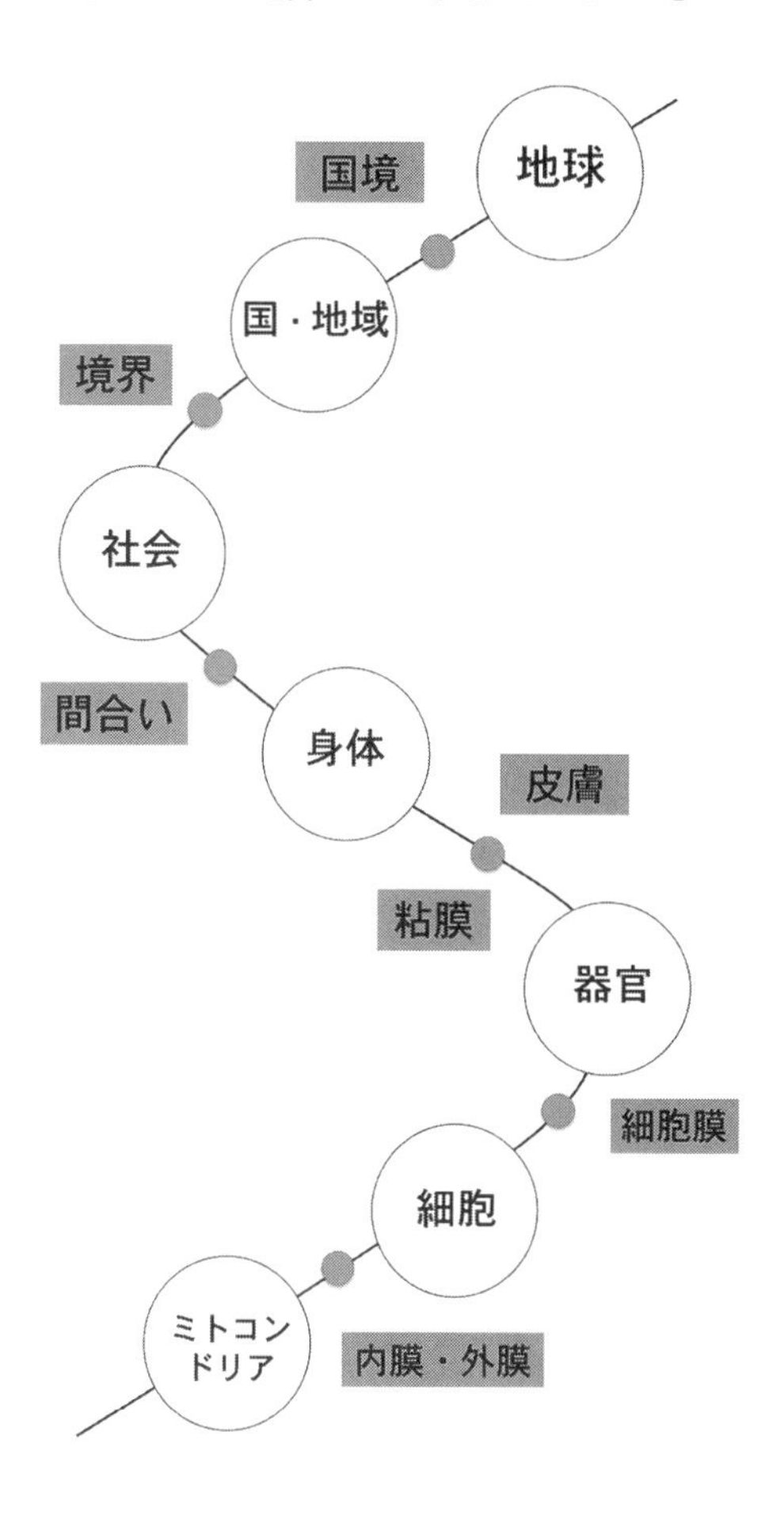

を重ね合わせ、さらにはヒトの特徴を活かして作りあげた文化・文明をも考慮しなければ人間を見たことにはなりません※」

「地球を生んだ宇宙は決して固定したものではなく、137億年前に無から誕生したことが明らかになっています。

137億年前に生まれた宇宙を思い描くこと、自分自身をこの宇宙の中に置き、137億年という時間の中に置くということは、想像力なしにはできません。細胞内でのＤＮＡのはたらきを理解することも同様です。

想像力こそが人間らしさの象徴であり、それを思いきり生かして暮らす社会を作ることが人間らしい生き方であると思います※同」

こうした事実から、生きることの意味について考えてみましょう。

生きることはコミュニケーションそのものですから、生きている限り外部の世界とふれあい、刺激を受けることになります。しかも、その刺激に対してたえず判断しなければなりません。

何を選ぶのか？　どこに進むのか？　だれとつきあうのか？　……判断とその結

※ 中村桂子『科学者が人間であること』（岩波新書）

果の繰り返しは、快・不快という形で身体に現れます。どんなに正しい判断だと思っても、身体が不快に感じていたらその不快さが反映され、放置すれば体調不良、病気へとつながるでしょう。

もちろん、体が病めば心も一緒に病んでいきます。体だけ、心だけが勝手に動いているわけではないのです。

こうした身体の反応は、良きにつけ悪しきにつけ、その総和である社会や組織にも反映され、集合無意識として国のあり方を決めたり、その土地の文化的な特長を生み出したりもするでしょう。

森羅万象、すべての層がリンクしている現実をふまえ、栗本慎一郎さんは「社会は生命体である」と語りました。

「まず生命論があって、生命の実際の動きとして共同体の発展、興亡がある。(中略)それが、そもそもの歴史の基本です[※]」

その言葉の通り、社会を生き物の活動の総和としてとらえる感覚があれば、その生き物によって営まれる歴史も、経済も、政治も、その本質がよりとらえやすくなっ

※ 栗本慎一郎インタビュー1(インターネット「Bio & Anthropos」所収)

ていくはずです。

そうした生き物の総和、生命体としての地球に暮らすわれわれは、植物ではなく動物に属します。内臓系と体壁系を併せ持った存在ですから、一つの環境のなかでじっととどまることはできません。

動くことは本能であり、おそらくそこに旅の意味もあるのでしょう。

この世界を知るためにわれわれは空間を移動し、皮膚感覚で外部刺激をキャッチし、まさに生を感じます。

それは自己と他者を隔てる境界へとアクセスし、異物との接触を通じて生命を活性化させることにつながるでしょう。

旅は創発を生み出す刺激に満ちていますが、身体のなかでも同じことが起きていることも忘れるべきではありません。

ヒトが五感によってこの世界をキャッチし、行動につなげるように、まず細胞に備わった免疫のレセプター※が刺激に反応し、異物を認識することで恒常性（ホメオスタシス）が保たれます。

恒常性は免疫系、神経系、内分泌系の関わりで成り立っているため、免疫の刺激

※ トル様受容体（Toll like Receptor）などのレセプターを指す。218 ページを参照。

は他の経路を介し、体全体に伝わっていきます。

すべては外部刺激への反応から始まりますが、動きまわる分、生物の活動としてはシンプルと言えず、行動すること、コミュニケーションをとることが悩みや苦しみを生む原因にもつながります。

まして生き物のなかで最も複雑な脳を持つヒトは、つねに迷います。迷って過ちを起こし、他者を傷つけます。

しかし、体壁系と内臓系、この二つを併せ持って生きている以上、どちらにも偏らず、バランスよく活用すること。それがヒトとしての生をまっとうすることにつながっていくはずです。

身体の機能に即して言えば、それは日常と非日常、この二つの視点から生をとらえることを意味するでしょう。


日常とはどう向き合えばいいでしょうか？

日常では食べることと寝ることが生の根幹にありますから、主役となるのはもちろん内臓系（腸）です。日々コンディションを整え、内臓臓器の声なき声に耳を傾けるための静けさを、内に蔵すること。そこに価値判断のよりどころがありますが、それが生のすべてではありません。

体壁系を使って非日常へ飛び込むこともまた、動物としての本能を刺激し、生命を活性化させます。

こちらは静に対して動の世界です。

自己の生き方、日常や仕事のなかに静と動のバランスをどう反映させていけばいいか？　失敗を繰り返しながらコツをつかみ、偏りが整えられていったとき、生命は蘇生の方向に進んでいきます。

自己の内と外の距離感、間合いをつねに感じとること……求められるのは、この点に尽きるかもしれません。

経験値を積み、心地よい間合いがとれるようになっていくにつれ、生きることに喜びが感じられる瞬間は増えていきます。

＊

ここに、発酵と腐敗を重ね合わせてみましょう。

発酵も腐敗も菌が関与している分解作用だと言いましたが、発酵のほうが生の本質と言えるかもしれません。

そう感じるのは、細胞分裂を繰り返す菌たちは、じつは自らの細胞のなかでたえず発酵を行っているからです。糖を分解することから「解糖系」と呼ばれていますが、菌たちは食べ物を発酵させるのと同じ原理で取り込んだ栄養を分解し、活動エネルギーに変えているのです。

この解糖系の働きで分裂を続ける菌たちは、生そのものが発酵であり、蘇生どころか不死の存在だと述べました。

一方、こうした発酵だけではエネルギーが賄いきれない進化した細胞、つまりヒトの身体をつくっている細胞（真核細胞）は、ミトコンドリアという器官で栄養と酸素をエネルギーに変えています。

食べ物が介在する発酵に対して、こちらは呼吸が介在します。

食べて、息をする。われわれが当たり前に行っている生命活動は、まず食べることから始まり、ミトコンドリアの介入によって、有害だった酸素を処理する呼吸という機能が新たに備わりました。食べることで進化した生き物の一部が、やむなく呼吸を始めたのです。

進化した生き物は呼吸に依存しています。呼吸なしには数分も生きていけませんが、呼吸は酸化と背中合わせです。

ミトコンドリアが生み出す膨大なエネルギーによって細胞は巨大化し、長い歳月を経てついにヒトへと進化しました。しかし、それは生命を無限の世界から有限の世界へ押し込めることを意味します。

酸化は老化であり、それは死につながります。死のない世界から、生と死が無限に繰り返される世界へ。この革命的な転換によって、仏教が問題にしている生老病死の世界が始まったのでしょう。

無限の世界とつながっている発酵という現象は、苦しみの多い有限の世界のなかで、生命を蘇生させる知恵として受け継がれていきました。目に見えない菌たちは、発酵と腐敗という2枚のカードを使い分けながらヒトの生死を操り、半ば神のように振舞っています。

腸内細菌は共生しながら、生老病死を超越しています。われわれとは違ったステージから生命の根源につながっています。

有限の世界に生きている以上、老化も死も免れません。ただ、その限られた時間

解糖系とミトコンドリア

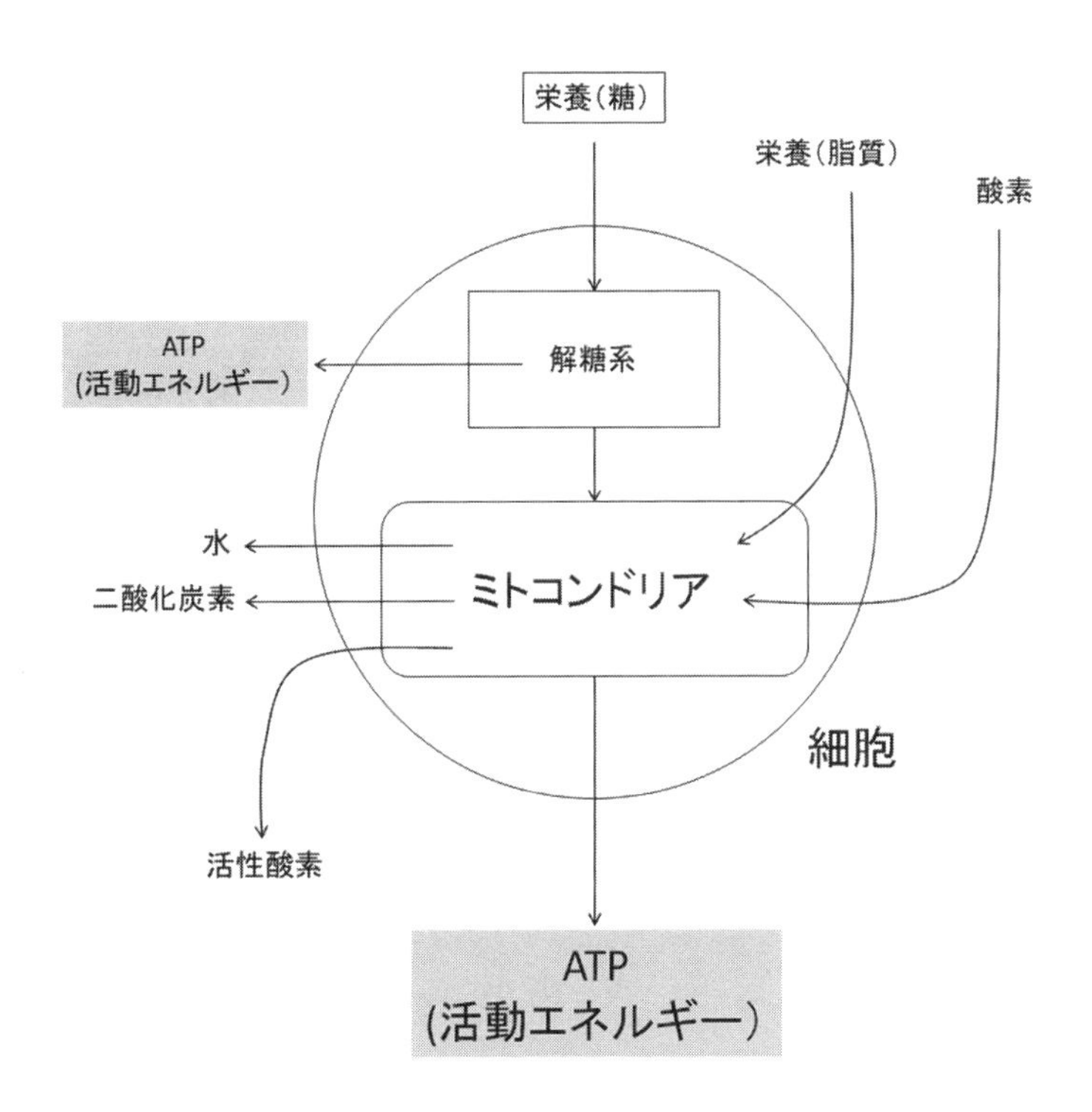

のなかで、ヒトはより自由で快適な世界を求め、自らの生を蘇生させようと動きつづけてきました。

生命をどのようにして蘇らせていけばいいでしょうか？　発酵する世界へ、どのように向かえばいいでしょうか？　ここではそのヒントを、植物に備わった生命力に求めてみましょう。

植物の種には、自らの生命を守り、次世代に受け継がせていくため、さまざまな防御機能が張りめぐらされています。

この防御機能がとりわけ強力なのが大豆です。種の生命を守るという点では、コメを上回っているかもしれません。多少煮たくらいでは毒素が抜けない、とても扱いにくい面があるからです。

こうした防御機能の一つとして知られるのが、「プロテアーゼ・インヒビター」の働きでしょう。

プロテアーゼはタンパク質を分解する酵素にあたりますが、大豆にはこの働きを阻害する物質＝インヒビターが多量に含まれます。

タンパク質の分解が阻害されるということは、消化が難しいということです。食用にするには、微生物の力を借りて豆を分解し、ブロックを解除する働きが必要になってきます。

お気づきかもしれませんが、それが発酵にあたります。種の側からすれば、そうやって身を守っているわけですが、食べる側は消化不良の不快感を何度も経験し、そのなかで発酵の知恵と出会うことでインヒビターの解除に成功したということかもしれません。

乳酸菌、麹菌、酵母菌……菌たちの力を借りて味噌や納豆に生まれ変わることで、大豆に内包された生命の扉が開かれます。強力なロックがかかっていた分、そのパワーは強力です。

他の豆よりも強力だったがゆえに、聖なる食であるコメのパートナーとしての地位を手に入れたのです。ごはんに味噌汁をいただくことは、生命力を取り戻す最初の一歩になるでしょう。

＊

これまで生命力という言葉を何度となく用いてきましたが、生命は栄養成分のように認識はできません。

ただ、数ある栄養素を見渡していくと、その概念に近い成分は存在します。その代表が「ファイトケミカル」の名で総称される、ポリフェノールやフラボノイドなどの活性成分でしょう。

たとえば、植物の実が苦かったり渋みがあったり、特有の臭いがあったら、動物も虫も近づきません。色が青かったり、硬かったりしても、実が熟れていないので口にはしないでしょう。

ファイトケミカルはこうした味や臭い、色などを出すことによって、インヒビターとは違った形で植物の身を守ります。要は、この成分が豊富であればあるほど、植物の活性度＝生命力は高いわけです。

植物にはこうした活性成分が無数に備わっており、その数は1万を超えるとも言われています。その働きはわからないことも多く、個々の成分の相互作用なども考えると可能性は無限大です。

医師の佐古田三郎（さこださぶろう）さんは、自然治癒をうながす切り札として、このファイトケミカルの特性に注目しています。

「ファイトケミカルのなかには、外部の環境が変化し、ストレスがかかったときに誘導されるファイトアレキシンという物質が存在します。

　植物にとってストレスのかかる状況というのは、紫外線であったり、病原菌やウイルス、昆虫であったり、寒さであったり……こうした安穏とは生きられない環境のなかでファイトアレキシンは生み出されるのです※」


　ポリフェノールやフラボノイドなど、代表的なファイトケミカルはファイトアレキシンに属しています。

　それは、植物に備わった「火事場の底力」と言っていいでしょう。

　科学的には抗酸化、抗炎症、抗ガン、抗菌などの作用にあたりますが、大事なことは、「ヒトは植物を食べることで植物の底力をいただき、自らの生命力を高めている」という点でしょう。

　発酵させることで大豆のパワーを取り込むことも同様です。大豆という植物のポテンシャルを引き出す以上、発酵という働きを栄養の視点だけでとらえると本質が見えなくなってしまいます。

　生命をいただくことで、**自らの生命が充実するのです**。それは比喩ではなく、実際にそうやって生きてきた証しと言えます。

※ 佐古田三郎『佐古田式養生で120歳まで生きる する・しない健康法』（実業之日本社）

「植物が3億5000万年にわたって外敵と戦ってきた成果を、私たちは食事を通じて拝借しているんですよ。その成果をいただくには、植物をあまり甘やかさず、少々ストレスをかけたほうがいいのです」※同

煮たり、発酵させたり……そうやってストレスをかけると、生で食べるよりもファイトアレキシンは活性化しやすくなる。つまり、生命力が高まり、それを食べた側の活力も養われる……。

干すことによって食材が活性化される（ビタミンDが増える）ということも、同様に考えればいいでしょう。

日本人は、恵まれた風土のなかで、こうした植物の知恵を「ご飯と味噌汁」の組み合わせに凝縮させていきました。コメと大豆のコラボレーションの先には、栄養素の概念だけでは括り切れない、植物を育んでいる生命の世界が広がっていることが見えてくるはずです。

前述したように、生命はリズムによって成り立っています。

薬物治療に慣れている現代医学では軽視されがちですが、佐古田さんは臨床経験

をふまえ、「食べる、寝る、呼吸する、光を浴びる……生命を蘇生させるカギは日常にある」[※]と言います。

しっかり寝られているか、呼吸ができているか、光を浴びれているか……こうした問いのなかに、リズムは見え隠れします。それが十分にできていない状況下で病が発生するからです。

*

生きることに目的があるとするならば、それは生命を蘇生させ、喜びに変えていくことにあると言えます。

生命そのものは永遠不変であっても、その表現系である心と体は陰と陽、つまり、活性と不活性を繰り返します。

活性は活動、不活性は休息とも言い換えられますが、あまり不活性が続くと心が病んでいき、生命体として活力は減退します。闇に籠ってばかりいたら生の喜びは失われていくでしょう。

天岩戸が開かれ、太陽神が姿をあらわす日本の神話も、そのあたりの生の機微を

※ 佐古田三郎インビュー（インターネット「Bio&Anthropos」所収）

表しています。光と闇が繰り返される世界だからこそ、闇に沈んでいく安らぎと光を浴びる喜び、その両端が体感できます。

大事なのは、光と闇を行き来すること。わかりやすく日常と非日常と呼んでもいいかもしれませんが、どちらかに居着いてしまうのではなく、二つの世界を行き来すること。

このうちの日常は衣食住で成り立っていますが、その根源にあるのはやはり食です。食べ物もまた生命であり、食べ物の生命のレベルは食べる側の生命のレベルに直接重なり合ってきます。

生きることは食べること。よく生きるにはよく食べること。われわれはいま、この意味を深く感じとる必要があります。

たとえば、過去の時代、日本人はなぜ肉をあまり食べてこなかったのか？　殺生を禁じた仏教の影響を挙げる人もいますが、コメと大豆、魚を柱にした食生活で十分に活力が得られたからでしょう。

それはいまの時代と比べたら「粗食」のように思われますが、実際にはその食事で現代人以上に元気に過ごせていた……つまり、現代人よりはるかに生命力が高かった可能性があります。

そのように言えるのは、現代の食生活には前述のファイトアレキシンを活性化させる要素があまりに少ないからです。

野菜にストレスをかけ、生命力を引き出そうという工夫より、効率化のほうが求められ、同じコメであっても、ニンジンであっても、ダイコンであっても、「栽培環境によって質（どれだけ底力が発揮されるか）が違ってくる」という事実が軽視されています。

農薬や化学肥料の使用に関しても同様です。安全性についてはさかんに議論されていますが、こうした植物の底力（生命力）を前提にしたら、評価の仕方はきっと違ってくるでしょう。

化学肥料に頼りすぎれば、土壌菌との共生が阻害されますが、そこで問題になるのは作物の生命力なのです。

もちろん、生命力の落ちてしまった野菜ばかりになった現代では、ベジタリアンで健康を保つのはむしろ大変だと言えます。

このあたりは成分分析するだけでは、なかなか見えてこない世界でしょう。まさに自分の感覚を頼りに、「どう食べ、どう生きるか」を一人一人が見つけていく必要があります。

数字やデータに慣れてきた人にとって、それは不確かで、あやふやなもののように感じられるかもしれません。

しかし、人類の長い歴史のなかでは、その感覚こそ大事にされてきたのです。感覚を磨くこと。それをあやふやなものではなく、生きる物差しになりえるように研ぎ澄ませていくこと。

その大切さが実感できるようになってきたら、慎重にエビデンス（科学的根拠）の向こう側に足を踏み入れていくといいでしょう。

そこに広がっている「目には見えない、でも確かにあるもの」を生命と呼ぶのであれば、その時、われわれはようやく生命と向き合える切符を手に入れたことになるのかもしれません。

肉も野菜も含め、いや、それを食べている人、暮らしている環境も含め、失ったものの大きさがきっと見えてくるはずです。

＊

量子物理学のパイオニアの一人、エルヴィン・シュレディンガーは、1944年に刊行した著書のなかでこう述べています。

「しかし、過ぐる百年余の間に、学問の多種多様の分枝は、その広さにおいても、またその深さにおいてもますます拡がり、われわれは奇妙な矛盾に直面するに至りました。

われわれは、今までに知られてきたことの総和を結び合わせて一つの全一的なものにするに足りる信頼できる素材が、今ようやく獲得されはじめたばかりであることを、はっきりと感じます。

ところが一方では、ただ一人の人間の頭脳が、学問全体の中の一つの小さな専門領域以上のものを十分に支配することは、ほとんど不可能に近くなってしまったのです。

この矛盾を切り抜けるには（われわれの真の目的が永久に失われてしまわないようにするためには）、われわれの中の誰かが、諸々の事実や理論を総合する仕事に思い切って手をつけるより他には道がないと思います。

たとえその事実や理論の若干については、又聞きで不完全にしか知らなくとも、また物笑いの種になる危険を冒しても、そうするより他には道がないと思うのです※」

いま求められるのは、こうした統合するまなざしです。シュレディンガーの時代から70年あまりの歳月が過ぎたいま、ようやく統合されたもの、すなわち生命と向き合う準備が整ったのかもしれません。

過去の時代も人は生命と向き合ってきましたが、大きく違うのは、感覚的に向き合ってきたものに知性のフィルターを通し、文字や言語として共有し、価値に変えていく点でしょう。

ロジカルを排除してしまうのではなく、この百年ほどかけて手に入れた最新のツールとして使いこなし、目に見えないもの、感じるしかできないものを限りなく可視化させていく。

顕在意識と潜在意識を統合したより大きな舞台のなかで、失われた生命力を蘇生させる新しい知性を生み出していく。

こうした道を進む過程で助けになるのは、過去にあったもの、一つの風土で長く

※ エルヴィン・シュレディンガー『生命とは何か～物理的にみた生細胞』(岩波新書)

自己と出会い、世界とつながる

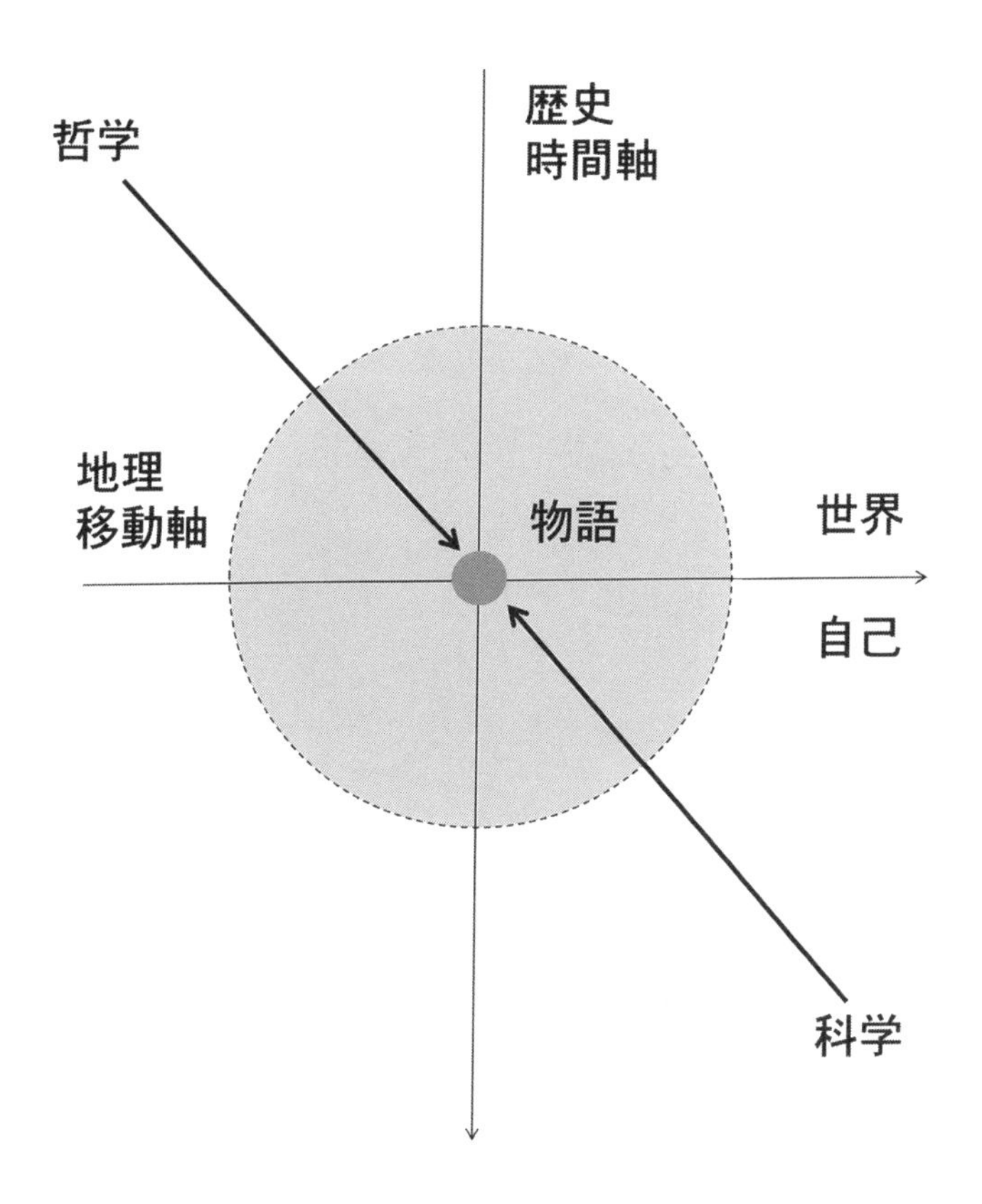

培われてきた文化でしょう。

観念の海にワープしてしまわず、ここにあったもの、日本人の生きてきた痕跡、DNAを大事にすること。この列島に住み続けてきたなかで培われてきた感覚をたえず意識し、取り戻すこと。

まず、自己を発酵させる土台を日常で整えつつ、旅へ出ましょう。非日常に飛び出す勇気を持ち続けましょう。

地球という星は、身体、そして細胞と合わせ鏡です。

そうしたどの階層も、免疫のセンサーが混乱してしまうような異物は満ちあふれていますから、ときに不快さや不自由を味わい、ストレスに押しつぶされそうになることもあるかもしれません。

でも、そのストレスと引き換えに覚醒の切符は得られます。生きるよろこび、小さなしあわせにもセンサーは反応するでしょう。

日常の間合いに息が詰まったら、旅に出て自然との間合いを取り戻し、また自らの風土に帰ってきましょう。

帰ってきたら、また食べて、暮らしていきましょう。そこにいる人たちとの間合いを図りながら、日常と非日常のバランスをとり、自分が生命の一部であることをつねに忘れないようにすること。

生命であること、生物であること、身体を持っていること。その事実から生まれる強さと優しさを求めること。

どこまでも真剣に、よりよく食べ、呼吸し、よりよく生きるのです。

フードジャーニーは、人類の食べる旅であると同時に、こうした風土のなかでの生の繰り返しそのものです。

さあ、新しい旅の準備はできたでしょうか？

いざ、生物の求める発酵する世界へ。愛にあふれた豊饒なる生命の世界へ。

おわりに

冒頭でも述べたように、この本で扱ってきた内容は自然科学と人文科学、理科系と文化系をまたいだ形になっています。

生きるということにフォーカスしていくと、諸分野の垣根は飛び越えざるをえず、アプローチしたい領域が多方面にわたってくるからですが、もちろん、手当たり次第に手を伸ばしたわけではありません。

その際の基準になるのは、身体と生命です。

身体と生命という、どの時代、どの国や地域に住んでいても共通している最大公約数を拠りどころにし、「おおよそこうだろう」という蓋然性(がいぜんせい)を浮かび上がらせる……それがこの本の一番の目的でした。

そのうえでできるだけ多くの人と内容を共有し、その共有感を土台にして再び細分化した世界へと入っていく……。

このいったんすべてを大づかみにとらえる学びの土台を、「生体コミュニケーション論」（Biological communication theory）と名づけ、今回はその試論として「フードジャーニー」を上梓した思いもあります。

生体コミュニケーション論からこの世界をとらえた時、これからの時代、まず何が求められてくるでしょうか？

これだけ世界が多様化し、それぞれの風土から異なる生き方、考え方、そして文化が生まれる以上、対立そのものは避けられません。善悪・正邪の二元論はつねにつきまとい、人はその明快さについ頼ろうとします。

これは正しい、これが真理だ、あいつは間違っている……そういって対立軸が生まれるのは、仕方のないことかもしれません。

でも、必ずしも戦い、争う必要はないでしょう。

求められるのは、層と層が接する境界上で生まれる緊張を、クリエイティブな刺激に変えていくこと。戦いや争いを助長させず、むしろその対立点を無化させ、出会いを喜びや幸福感につなげること。

対立点を消去させる最大のカギは、まず自分自身が健康で、心地よく生きていられるか？　あくまでも自己を中心にした視線にあります。

細胞膜、粘膜、皮膚、間合い、境界……。

この世界のあらゆる層で心地よさが実現できるよう、世界のあり方を学び、衣食住を整え、まず自らの内側を変えていくこと。

そうやって、目の前の世界と対峙できる心の余裕と実力をつけていくこと。

そうした生のプロセスの大切さを伝えたい思いで取材し、ともに学ぶきっかけになるようこの本をまとめてきました。


旅することは、食べることと同じくらい重要です。

今回の執筆にあたって、3～4年ほどの歳月をかけ、国内の主だった場所をパートナーの恭子さんと旅してきました。

青森の白神山地、三内丸山遺跡、京都の丹波、鞍馬、奈良の三輪山、飛鳥、吉野、和歌山の熊野、島根の出雲、長野県の諏訪、伊那谷……。

その多くは森があり、清水があり、古い神社・仏閣が寄り添い、いにしえから続いてきた生き物を癒す力が宿っていました。

旅の拠点として神社を選ぶことが多かったのは、それが日本の風土の核であり、その背後に広がる生活、文化、歴史、自然が体感しやすいランドマークだからです。

神社だけを切り取って有難がっても、全体は見えません。

つねにつながりを感じること、背後にあるものにこそまなざしを注ぐこと。そのために硬直していた身体を拓き、感じる力を研ぎ澄ますこと。

生き物を癒す力は身体のなかにも宿っています。森と共存してきた人の体内には、もうひとつ、腸という森があるからです。

この二つの森をつなぐものが食であり、腸内の菌たちは自己が生をどのようにつないできたか、その結果を伝えてくれます。

食のあり方を根本から見直すこと、その延長で衣食住を整えていくこと、それもまた個々のライフワークになりえますが、旅が決して観光ではないのと同様、そこでもつねにリアリズムが求められます。

ふわふわした健康情報の向こうにあるもの、それをとらえて、腑に落としていくことは決して容易ではありません。

容易ではありませんが、積み上げていくことで世界は広がります。その学びからは喜びも得られ、蓄積はほのかな自信を与えてくれます。

外部からの刺激は、皮膚と腸がつねに感じとっています。それはわれわれの行い一つで、日々敏感に変化しています。

腸の森

身体がつねに答えを教えてくれているのです。

頭で考えても、自然は答えを教えてくれません。静かになること、焦るのをやめること、ゆっくり呼吸をすること。

そのコツを先人たちから学び、自然から感じ取り、恐れずに、生を拡充していきましょう。どこまでも、どこまでも。


「生の拡充の中に生の至上の美を見る僕は、この反逆とこの破壊との中にのみ、今日生の至上の美を見る。

征服の事実がその頂上に達した今日においては、階調はもはや美ではない。美はただ乱調にある。階調は偽りである。真はただ乱調にある。

今や生の拡充はただ反逆によってのみ達せられる。新生活の創造、新社会の創造はただ反逆によるのみである」


大正時代、アナーキストとして活躍した大杉栄が残した一節ですが※、彼が不慮の死を遂げたのは、百年近く前のことです。

時代はめぐり、何がどう変わったでしょうか？　シュレディンガーや大杉が見て

※ 大杉栄『生の拡充』（『近代思想』1913年７月号に所収）より。

いた夢を、私たちはいま形にするステージに立っています。階調（スタンダード）は偽りだとすれば、確かに反逆しなければなりません。

どこか物騒に聞こえるかもしれませんが、でも、できあがり形骸化してしまったものを壊し、しなやかな生を取り戻すこと。

一つのロジックで積み上げた世界が極に達したいま、まさに美は乱調（カオス）のなかにあるでしょう。

カオスは生命そのもの。身体で言えば、それは健康と呼ばれますが、カオスをカオスのままにとどめず、ロジックの力で改めて紡ぎ直すこと。そこから生まれる調和のなかにこそ確たるルールがあるはずです。

*

最後にこの本が出版される経緯についても触れておきましょう。

「フードジャーニー」の構想はずいぶん前からありましたが、実際に取材を開始したのは２０１４年の４月。日本の各地をめぐりつつ、様々な文献を渉猟し、全体の構成を徐々に整えていきました。

おおよその準備を終え、執筆に着手したのが2018年。

その年の夏には第一稿が完成しましたが、本を出版する前に、「作品世界に触れた人たちが実際に日本の風土につながっていけるような場をつくりたい」という、次の構想が浮かんできました。

本を読んでいただけることは有難いですが、大事なのはそこから一歩踏み出し、リアルな世界とつながることです。

また、「身体の内と外をつなぐ」ことを本のテーマにしてきたこともあり、身体の内側のこと、つまり、何をどう食べ、どう過ごしたら元気でいられるか？　別の形でまとめておきたい思いも湧いてきました。


前者については、2019年1月から取材をはじめ、鴨川（千葉）、吉野（奈良）、飛騨（岐阜）、松阪（三重）、日本橋（東京）……、縁ある人たちに導かれながら、5つの土地を新たにまわっていきました。

ここで生まれた5つの物語は、『フードジャーニー』の続編にあたりますが、一つ一つの土地の歴史や風土を掘り下げ、それぞれが小宇宙のように、一つの普遍性が浮かび上がることを目的にしています。

独立した物語であると同時に、作品の世界観を感じたい人のためのささやかなガイドにもなりますし、本に登場する人たちとつながることで、ローカル・コミュニティの拠点としても機能するでしょう。

この取材が一段落し、これから物語をまとめていこうという矢先、思いがけず新型コロナウイルスのパンデミックが起こりました。

取材地とのつながりがいったん途切れてしまうなか、2020年4月、同時進行させていた後者の健康実用書を、『ゆるむ！ 最強のセルフメンテナンス』というタイトルで世に出すことができました。

また、ふしぎなご縁もあり、セルフメンテナンス協会というコミュニティを立ち上げる機会にも恵まれました。身体の内と外、生きるということを大括りにつなげる準備がようやく整ってきました。

新型コロナウイルスの出現は世界を大きく変えましたが、この数年、新しい世界を立ち上げようと準備していた僕にとって、決して悲観的なものではなく、むしろ希望に満ちた展開を生み出してくれています。

世界はこれからきっと大きく変わるでしょう。新しい扉が静かに開き、宇宙は心ある人を優しく後押ししてくれるはずです。

長沼敬憲

2020年11月

参考資料

はじめに

関野吉晴『グレートジャーニー全記録①移動編』（毎日新聞出版）
関野吉晴『グレートジャーニー全記録②寄道編』（毎日新聞出版）

1 食べるために生きてきた

エリア・カザン監督『エデンの東』（ワーナー・ブラザース・ホームエンターテイメント）
日本聖書協会・訳『口語訳聖書』（日本聖書協会）
河合信和『ヒトの進化 七〇〇万年史』（筑摩書房）
米川博通『生と死を握るミトコンドリアの謎～健康と長寿を支配するミクロな器官』（技術評論社）★
高木由臣『生老死の進化～生物の「寿命」はなぜ生まれたか』（京都大学学術出版会）
岡田節人『細胞の社会～生命秩序の基本を探る』（講談社）
司馬遼太郎『項羽と劉邦』（新潮社）
アントニオ・ベルトラン監修『アルタミラ洞窟壁画』（岩波書店）
ジョルジュ・バタイユ『エロチシズム（ジョルジュ・バタイユ著作集）』（二見書房）
島泰三『親指はなぜ太いのか～直立二足歩行の起原に迫る』（中央公論新社）

島泰三『ヒト～異端のサルの1億年』（中央公論新社）
島泰三『人はなぜ立ったのか？～アイアイが教えてくれた人類の謎」（学習研究社）
栗本慎一郎『パンツを脱いだサル～ヒトは、どうして生きていくのか』（現代書館）
田家康『気候文明史～世界を変えた8万年』（日本経済新聞出版社）
ヴォルフガング・ベーリンガー『気候の文化史～氷期から地球温暖化まで』（丸善プラネット）
崎谷満『DNAでたどる日本人10万年の旅～多様なヒト・言語・文化はどこから来たのか？』（昭和堂）
斎藤成也『核DNA解析でたどる日本人の源流』（河出書房新社）
篠田謙一『DNAで語る日本人起源論』（岩波書店）
栗本慎一郎『ゆがめられた地球文明の歴史～「パンツをはいたサル」に起きた世界史の真実』（技術評論社）★
栗本慎一郎『栗本慎一郎の全世界史～経済人類学が導いた生命論としての歴史』（技術評論社）★
栗本慎一郎『シルクロードの経済人類学～日本とキルギスを繋ぐ文化の謎』（東京農業大学出版会）
高野孟『最新・世界地図の読み方』（講談社）
原研哉『デザインのデザイン』（岩波書店）
井島健至『世界を旅し、自己に覚醒する』（『TISSUE VOL.3』ハンカチーフ・ブックス所収）★
栗本慎一郎インタビュー2ー③「日本人特有の民族性って、そういう議論がわからないね」（インターネット「Bio & Anthropos」所収）★

COLUMN1　土地、開墾、そしてアジール

網野善彦『増補 無縁・公界・楽～日本中世の自由と平和』（平凡社）
網野善彦『日本の歴史をよみなおす（全）』（筑摩書房）

2　植物と再会した人たち

安田喜憲『縄文文明の環境』（吉川弘文館）
松木武彦『全集　日本の歴史　第1巻　列島創世記』（小学館）
南川雅男『炭素・窒素同位体に基づく古代人の食生態の復元』（クバプロ『新しい研究法は考古学になにをもたらしたか』所収）
ウィリアム・ブライアント・ローガン著、山下篤子訳『ドングリと文明～偉大な木がつくった1万5000年の人類史』（日経BP社）
富士見町井戸尻考古館・編『井戸尻 第8集』（富士見町井戸尻考古館）
工藤雄一郎・国立歴史民俗博物館・編『ここまでわかった！ 縄文人の植物利用』（新泉社）
吉野・大峰フィールドノートWebsite「どんぐりを見分ける」
小山修三『美と楽の縄文人』（扶桑社）
小山修三『縄文学への道』（日本放送出版協会）
寒川恒夫・編『図説スポーツ史』（朝倉書店）
ジェニファ・アイザックス『精霊たちのふるさと』（現代企画室『アボリジニ現代美術展～精霊たちのふるさと』所収）
安保徹『人が病気になるたった2つの原因～低酸素・低体温の体質を変えて健康長寿！』（講談社）★

COLUMN2　縄文人・意外に長寿で健康だった説

石弘之『感染症の世界史～人類と病気の果てしない戦い』（洋泉社）
小林和正『出土人骨による日本縄文時代人の寿命の推定』（「人口問題研究 No.102,1967」所収）
長岡朋人『縄文時代人骨の古人口学的研究』（『考古学ジャーナル 606,2010』所収）
藤田紘一郎『バカな研究を嗤うな～寄生虫博士の90％おかしな人生力』（技術評論社）
藤田紘一郎『腸内細菌と共に生きる～免疫力を高める腸の中の居候』（技術評論社）★
日沼頼夫『ウイルスから日本人の起源を探る』（『日農医誌 46巻6号』所収）
小山修三・杉藤重信『縄文人口シミュレーション』（国立民族学博物館研究報告）
栗本慎一郎『パンツを捨てるサル～「快感」は、ヒトをどこへ連れていくのか』（光文社）

3　和と太陽の国

宇治谷孟・訳『日本書紀（上）全現代語訳』（講談社）
吉村貞司『原初の太陽神と固有暦』（六興出版）
吉野裕子『隠された神々～古代信仰と陰陽五行』（河出書房新社）
松岡正剛『日本流～カナリアはなぜ歌を忘れたか』（朝日新聞社）
松岡正剛『神仏たちの秘密～日本の面影の源流を解く（連塾 方法日本1）』（春秋社）
山折哲雄『宗教の力～日本人の心はどこへ行くのか』（ＰＨＰ研究所）
増谷文雄『正法眼蔵 全訳注』（講談社）
藤田一照・長沼敬憲『僕が飼っていた牛はどこへ行った？～「十牛図」からたどる「居心地よい生き方」をめぐるダイアローグ』（ハンカチーフ・ブックス）★

井沢元彦『逆説の日本史〈1〉古代黎明編～封印された「倭」の謎』（小学館）
レイア高橋『インタビュー～古代ハワイアンの英知から学ぶ自然とのつながり方』（ハンカチーフ・ブックス『TISSUE Vol.2』所収）★
三浦佑之・訳『口語訳 古事記～人代篇』（文藝春秋）
和田萃『三輪山の神と周辺の神々』（大神神社・編『古代大和と三輪山の神』学生社、所収）
渡辺豊和『縄文夢通信～縄文人は驚くべき超文明を持っていた』（徳間書店）
栗本慎一郎『シリウスの都 飛鳥～日本古代王権の経済人類学的研究』（たちばな出版）
栗本慎一郎『栗本慎一郎の全世界史～経済人類学が導いた生命論としての歴史』（技術評論社）★
小林達雄『縄文人のインテリジェンス～10のキーワードで解く』（平凡社『別冊太陽 日本のこころ２１２　縄文の力』所収）
水谷慶一『知られざる古代～謎の北緯34度32分をゆく』（日本放送出版協会）
青木孝夫『「平家物語」に於ける〈あっぱれ〉について～一つの解明の試み』（『研究』東京大学文学部美学芸術学研究室紀要）
吉村武彦『古代天皇の誕生』（角川書店）
埴原和郎『特別寄稿・二重構造モデル：日本人集団の形成に関わる一仮説』(Anthropol. Sci. 人類誌 102 (5), 455-477, 1994)
埴原和郎『日本人の起源 増補』（朝日新聞社）
斎藤成也『核ＤＮＡ解析でたどる日本人の源流』（河出書房新社）
斎藤成也『ＤＮＡでわかった日本人のルーツ（別冊宝島２４０３）』（宝島社）
斎藤成也『日本列島人の歴史（岩波ジュニア新書〈知の航海〉シリーズ）』（岩波書店）

柳田國男・大塚英志『柳田国男 山人論集成～柳田国男コレクション』（角川学芸出版）
鬼頭宏『人口から読む日本の歴史』（講談社）

COLUMN3 和をもって「ホオポノポノ」となす？

レイア高橋『インタビュー～古代ハワイアンの英知から学ぶ自然とのつながり方』（ハンカチーフ・ブックス『TISSUE Vol.2』所収）★
レイア高橋・高山求『フラカヒコ～魂の旅路』（アールズ出版）
レイア高橋『ハワイ式腸マッサージ』（KKベストセラーズ）★
前野隆司・保井俊之『無意識と対話する方法～あなたと世界の難問を解決に導く「ダイアローグ」のすごい力』（ワニ・ブックス）

4 聖なるコメの話

佐藤洋一郎『米の日本史～稲作伝来、軍事物資から和食文化まで』（中公新書）
佐藤洋一郎『日本のイネの伝播経路』（日本醸造協会誌87巻10号）
丹後建国1300年記念事業実行委員会『丹後王国物語～丹後は日本のふるさと』（せせらぎ出版）
安田喜憲『縄文文明の環境』（吉川弘文館）
安田喜憲『文明の環境史観』（中央公論新社）
松前健『謎解き日本神話～現代人のための神話の読み方』（大和書房）
中沢新一『先史諏訪の世界性』（井戸尻考古館・編『蘇る高原の縄文王国』言叢社、所収）

中沢新一『精霊の王』（講談社）
市川建夫『ブナ帯と日本人』（講談社）
高橋克彦『炎立つ　巻壱・北の埋み火〜巻伍・光彩楽土』（講談社）
高橋克彦・明石散人『日本史鑑定』（徳間書店）
高橋克彦『東北・蝦夷の魂』（現代書館）
石毛直道『日本の食文化史〜旧石器時代から現代まで』（岩波書店）
佐藤洋一郎『食の人類史〜ユーラシアの狩猟・採集、農耕、遊牧』（中央公論社）
栗本慎一郎・編著『経済人類学を学ぶ』（有斐閣）
山口佳紀『暮らしのことば・語源辞典』（講談社）
幕内秀夫『日本人のための病気にならない食べ方』（フォレスト出版）★
幕内秀夫『粗食のすすめ』（東洋経済新報社）
幕内秀夫インタビュー①「風土とFOODがつながったきっかけの一つは和辻哲郎でした」（インターネット「Bio & Anthropos」所収）★
小椋一葉『消された覇王』（河出書房新社）

COLUMN4　稲妻と生命エネルギー

太田成男「宇宙の渚とミトコンドリアの渚」（ブログ『太田成男のちょっと一言』２０１１年11月16日掲載）
瀬名秀明・太田成男『ミトコンドリアのちから』（新潮社）

長沼敬憲『ミトコンドリア「腸」健康法』（日貿出版社）★
NHKスペシャル『宇宙初中継　宇宙の渚』（2012年9月18日放送）
池原健二『GADV仮説～生命起源を問い直す』（京都大学学術出版会）
光岡知足『腸内細菌の話』（岩波書店）

5　肉の文化、大豆の文化

光岡知足『大切なことは腸内細菌から学んできた～人生を発酵させる生き方の哲学』（ハンカチーフ・ブックス）★
光岡知足『腸を鍛える～腸内細菌と腸内フローラ』（祥伝社）★
光岡知足『人の健康は腸内細菌で決まる！～善玉菌と悪玉菌を科学する』（技術評論社）★
石毛直道『日本の食文化史～旧石器時代から現代まで』（岩波書店）
佐々木高明『照葉樹林文化の道～ブータン・雲南から日本へ』（日本放送出版協会）
中尾佐助『料理の起源（読みなおす日本史）』（吉川弘文館）
横山智『納豆の起源』（日本放送出版協会）
横山智『アジア・ニッポン納豆の旅①はじめに～納豆食文化を探す旅へ調味料納豆』（インターネット「のう地」より）
石浦章一『タンパク質はすごい！～心と体の健康をつくるタンパク質の秘密』（技術評論社）★
辰巳芳子『辰巳芳子 スープの手ほどき　和の部』（文藝春秋）
辰巳芳子・齋藤学『スペシャル対談・食はいのちなり～魂を輝かせるための食の極意』（ハンカチーフ・ブックス『TISSUE Vol.2』所収）★

審良静男・黒崎知博『新しい免疫入門～自然免疫から自然炎症まで』（講談社）
竹田潔・奥村龍「腸管上皮細胞と腸内細菌との相互作用」（インターネット」領域融合レビュー」より）
竹田潔インタビュー①「腸内細菌が共生できているのは、どの菌にも何らかの有益な作用があるからだと思います」（インターネット「Bio & Anthropos」所収）★
高橋迪雄『肉食動物「ヒト」は何を食べ、どう生き延びてきたか？』（池田清彦・監修『人の死なない世は極楽か地獄か（バク論）』技術評論社、所収）★
幕内秀夫『日本人のための病気にならない食べ方』（フォレスト出版）★

COLUMN5　ハラの文化はこうして生まれた

上野川修一『からだの中の外界 腸のふしぎ』（講談社）
福士審『内蔵感覚～脳と腸の不思議な関係』（日本放送出版協会）
斎藤孝『身体感覚を取り戻す～腰・ハラ文化の再生』（日本放送出版協会）
甲野善紀・松村卓『「筋肉」よりも「骨」を使え！』（ディスカヴァー・トゥエンティワン）★

6　発酵する世界へ

三木成夫『内臓とこころ』（河出書房新社）
光岡知足『腸内細菌の話』（岩波書店）
長沼敬憲『最新科学でわかった！ 最強の24時間』（ダイヤモンド社）★
高木由臣『寿命論』（日本放送出版協会）

高木由臣『無限と有限のはざまで〜ジャームとソーマの寿命論』(『TISSUE VOL.4』ハンカチーフ・ブックス所収)★
高木由臣『生老死の進化〜生物の「寿命」はなぜ生まれたか』(京都大学学術出版会)
高木由臣『生物の生き残り戦略「寿命」はこうして生まれた』(池田清彦・監修『人の死なない世は極楽か地獄か』技術評論社、所収)★
田原優『体を整えるすごい時間割』(大和書房)★
古谷彰子・柴田重信(監修)『時間栄養学が明らかにした「食べ方」の法則』(ディスカヴァー・トゥエンティワン)
マーティン・J・ブレーカー著、山本太郎訳『失われてゆく、我々の内なる細菌』(みすず書房)
多田富雄『免疫の意味論』(河出書房新社)
村上正晃インタビュー①『「炎症回路」の活性化が多くの病気の発症につながっています』(インターネット「Bio & Anthropos」所収)★
中村桂子『科学者が人間であるということ』(岩波書店)
中村桂子『生きものであること、自然のなかにいること』(『TISSUE VOL.2』ハンカチーフ・ブックス所収)★
中村桂子・藤田一照『いのちを重ね描きする』(『TISSUE VOL.3』ハンカチーフ・ブックス所収)★
長沼敬憲『ミトコンドリア「腸」健康法』(日貿出版社)★
栗本慎一郎インタビュー2ー①「弁証法なんてまるっきり信用していないですよ」(インターネット「Bio & Anthropos」所収)★
審良静男・黒崎知博『新しい免疫入門〜自然免疫から自然炎症まで』(講談社)

上野川修一インタビュー①『腸内細菌との『共生』を視野に入れた食のあり方が、これから問われてくるでしょう』（インターネット「Bio & Anthropos」所収）★
佐古田三郎『佐古田式養生で１２０歳まで生きる する・しない健康法』（実業之日本社）★
佐古田三郎『医者が教える長生きのコツ』（ＰＨＰ研究所）★
佐古田三郎インタビュー①『食べる、寝る、呼吸する、光を浴びる……生命を蘇生させるカギは日常にあります』（インターネット「Bio & Anthropos」所収）★
エルヴィン・シュレディンガー『生命とは何か～物理的にみた生細胞』（岩波新書）

おわりに

長沼敬憲『世界とつながる、カラダが目覚める～熊野の森の宇宙「野生」へ回帰する旅』（ハンカチーフ・ブックス『TISSUE Vol.2』所収）★
大沢正道・編集『近代日本思想大系20 大杉栄集』（筑摩書房）

★は著者が企画・編集および取材に携わった書籍・記事になります。

謝辞

本書の取材・執筆に際して大変お世話になりました。ここに感謝の意を表します。

井島健至、上野川修一、木戸寛孝、栗本慎一郎、佐古田三郎、高木由臣、種本武司、田家康、田島和雄、土橋重隆、中村桂子、東林正弘、幕内秀夫、光岡知足、安田喜憲、横山智、米川博通、レイア高橋（五十音順）

じぶん哲学

シルクハットから鳩が出てくるのはマジックでしょうか？

土橋重隆・幕内秀夫著　194 ページ

定価 1,400 円＋税　2016 年 2 月刊行

この本に登場するのは、医師の土橋重隆さんと管理栄養士の幕内秀夫さん。医者と栄養士が語る本ですが、その話題は医療や食事、健康にとどまらず、生きることの奥深くに向かっています。ガンがなくならないのはなぜ？　病気の本当の原因はどこに？　ゼロからの発想で自由に生きる、タネ明かしの方法を伝えます。

KO'DA STYLE のトートバッグ

ハンカチーフ・ブックス編　93 ページ

定価 1,800 円＋税　2016 年 9 月刊行

トートバッグのオリジナル・ブランド「Ko' da style」を手がけるこうだかずひろのすべてを描く、フォト＆エッセイ。「こうださんは、バッグのなかにたくさんの世界を抱えていた」(本書より)。「手の復権」を合い言葉に、根強いファンの多い職人の、その強く、優しいメッセージを語り下ろします。

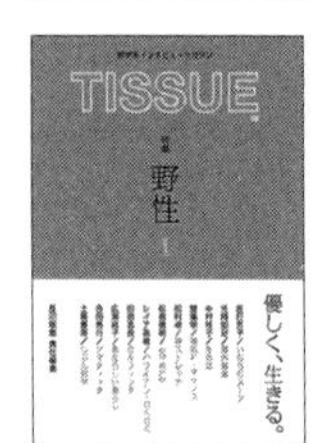

TISSUE vol.02 野性

長沼敬憲・責任編集　224 ページ

定価 1,400 円＋税　2016 年 10 月刊行

哲学系インタビュー BOOK の第 2 弾。これまでの生き方を見直し、次の一歩を踏み出したい方におすすめの一冊。辰巳芳子(料理家)、中村桂子(生命誌研究者)、光岡知足(腸内細菌学者)、レイア高橋(ハワイアン・ロミロミ)齋藤学(プロサッカー選手)…世代を超えたキーパーソンが伝える、内なる「野性」に目覚めるためのメッセージ集。

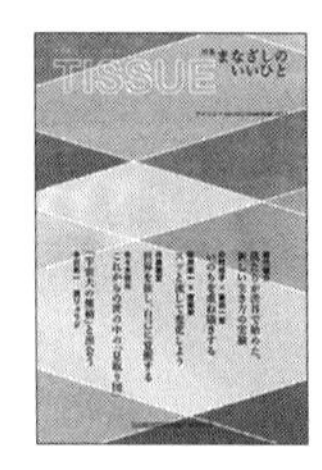

TISSUE vol.03 まなざしのいいひと

長沼敬憲・責任編集　268 ページ

定価 1,400 円＋税　2017 年 11 月刊行

様々なジャンル 12 名のインタビュー・対談・レポートを収録。それぞれの心根のよいまなざしから、心地よく、自由に生きるヒントを学んでいきます。稲葉俊郎(医師)、桜井章一(雀鬼会会長)、佐々木俊尚(ジャーナリスト)、藤田一照(禅僧)、上野川修一(免疫学者)、中沢新一(宗教人類学者)、鏡リュウジ(占星術研究家)ほか。

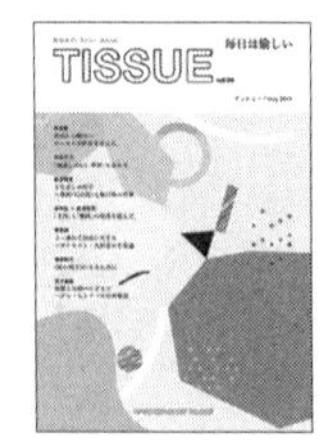

TISSUE vol.04 毎日は愉しい

長沼敬憲・責任編集　218 ページ

定価 1,600 円＋税　2019 年 6 月刊行

無限の世界につながる扉へ、ようこそ。「毎日は愉しい」をテーマに、さまざまな分野からつむぎだされた 7 つの物語をお届けします。林良樹 (地球芸術家)、中島デコ (マクロビオティック料理家)、坂口尚 (漫画家)、金尚弘 (システム工学研究者)、栗原康 (作家)、浅葉和子 (アートエデュケーター)、高木由臣 (生物学者) らが登場。

HANDKERCHIEF BOOKS

バックナンバー

『ゆるむ！最強のセルフメンテナンス「腸」から始まる食事の教科書』

長沼敬憲・著　四六判・224ページ
定価1,400円＋税　2020年4月刊行

何をどれだけ、どう食べたらいいのか？ サプリメントはどこまで必要？　日常のスレスケアは？　これまであるようでなかった、食べて細胞から生まれ変わる“頑張らないセルフメンテナンス"の決定版。『フードジャーニー』で描かれた世界観を体感する第一歩として、身体の内側に目を向け、心地よく整えましょう。

セルフメンテナンス協会

大事なのは、身体から世界を変えていくこと。一人で実践するのもありですが、同じビジョンを共有し、一緒に学んでいくことで、心身の豊かさは何倍にも広がります。「体」「心」「思考⇒行動」を能動的にメンテナンスし、眠っているポテンシャルを最大化、自らの幸福度を高め、社会を心地よく整えていきませんか？

活動内容

- 根源にある《感情の力》を効果的に使い求める結果を最大化。
- 腸活との相乗効果で心身が整い、状況の判断力や決断力が上がる。
- 本音を掘り下げ、自分軸に基づいた行動により、《結果への満足感》を得られる。
- 《腹を括る》感覚が養われることで「行動できる自分」に変わる。

無料メルマガ会員を随時募集中！

詳しくはセルフメンテナンス協会ホームページをご覧ください。
https://selfmaintenance.org/（「セルフメンテナンス協会」で検索）

フードジャーニー
食べて生きて、旅をして、私たちは「日本人」になった

2020年12月10日　初版発行

著者　長沼敬憲

発行人　長沼恭子
発行元　株式会社サンダーアールラボ
〒240-0111　神奈川県三浦郡葉山町一色1120-4
Tel & Fax　046-890-4829
info@handkerchief-books.com
handkerchief-books.com

発売　サンクチュアリ出版
〒113-0023　東京都文京区向丘2-14-9
Tel　03-5834-2507
Fax　03-5834-2508

デザイン　ハンカチーフ・ブックス

印刷・製本　シナノ印刷株式会社

ISBN:978-4-8014-9859-4